CUADERNO
DE ACTIVIDADES

CUADERNO
DE ACTIVIDADES

Fabián A. Samaniego
University of California, Davis

M. Carol Brown
California State University, Sacramento

Patricia Hamilton Carlin
University of California, Davis

Sidney E. Gorman
Fremont Unified School District
Fremont, California

Carol L. Sparks
Mt. Diablo Unified School District
Concord, California

HEATH

D.C. Heath and Company
Lexington, Massachusetts
Toronto, Ontario

Illustration Credits

Hannah Bonner

Carlos Castellanos

Andrew Lange

Tim McGarvey

George Ulrich

Joe Veno

Published simultaneously in Canada

Printed in the United States of America

International Standard Book Number: 0–669–23998–4

   2   3   4   5   6   7   8   9   10   DBH   99   98   97   96   95   94

CONTENIDO

CONTENIDO

CONTENIDO

Nombre _____

Fecha _____

¡DIME!
DOS

UNIDAD **1**
LECCIÓN **1**

¡A ESCUCHAR!

A **Los gustos.** Todos tenemos gustos diferentes. Escucha estos comentarios y
decide si reflejan una actitud **positiva (+)** o **negativa (–).** Escucha una
vez más para verificar tus respuestas.

1. + –   3. + –   5. + –   7. + –

2. + –   4. + –   6. + –   8. + –

B **Preferencias.** Varias personas están hablando de lo que les gusta hacer
los fines de semana. Escucha la conversación y marca todas las actividades
que oigas. Escucha una vez más para verificar tus respuestas.

C **¿Y tú?** Oyes a varias personas hablar de sus actividades. Indica si la persona que habla **participa** o **no participa** en las actividades mencionadas. Escucha una vez más para verificar tus respuestas.

MODELO   Escuchas: *Jugamos fútbol todos los días.*
               Escribes: **X** debajo de ***Participa***
               Escuchas: *Papá prepara la comida los sábados.*
               Escribes: **X** debajo de ***No participa***

Participa   *No participa*

1. ☐   ☐
2. ☐   ☐
3. ☐   ☐
4. ☐   ☐
5. ☐   ☐
6. ☐   ☐
7. ☐   ☐
8. ☐   ☐

CH **¿Qué preguntas?** Tu hermano está hablando por teléfono. Escucha su conversación e indica qué preguntas está contestando. Escucha una vez más para verificar tus respuestas.

1. **a.** ¿Qué vas a hacer después de las clases?

   b. ¿Adónde vas?

2. **a.** ¿Dónde está la biblioteca?

   b. ¿Cómo es el nuevo profesor de química?

3. **a.** ¿Cuál es tu clase favorita?

   b. ¿Dónde estudias?

4. **a.** ¿Con quién estudias?

   b. ¿Cuántas páginas tienes que leer?

5. **a.** ¿A qué hora van a terminar?

   b. ¿Cuándo van a empezar?

6. **a.** ¿Qué van a hacer después?

   b. ¿Por qué no vamos los tres a comer después?

Nombre _____

Fecha _____

¡DIME!
DOS

UNIDAD **1**
LECCIÓN **1**

¡A ESCUCHAR!

D ¡**Hola!** Escucha estos saludos y presentaciones e indica si son apropiados para un **joven** o para un **adulto.** Escucha una vez más para verificar tus respuestas.

Joven   *Adulto*

1. ☐   ☐
2. ☐   ☐
3. ☐   ☐
4. ☐   ☐
5. ☐   ☐
6. ☐   ☐
7. ☐   ☐
8. ☐   ☐

E **Un nuevo amigo.** Lee las siguientes oraciones. Luego escucha la conversación entre Eva, su amigo Pepe y la señora Ochoa e indica si esta información es **Cierta (C)** o **Falsa (F).** Escucha la conversación una vez más para verificar tus respuestas.

C   F   **1.** Eva y Pepe van a estudiar a casa de Pepe.

C   F   **2.** Pepe va a ayudar a Eva con la lección de historia.

C   F   **3.** Eva presenta Pepe a su mamá.

C   F   **4.** Pepe vive cerca de Eva.

C   F   **5.** Algunas de las clases de Pepe son diferentes de las clases de Eva.

C   F   **6.** Pepe y Eva van a estudiar literatura juntos.

C   F   **7.** La señora Ochoa les ofrece unos sándwiches.

C   F   **8.** En casa de Pepe comen a las ocho.

Nombre _____

Fecha _____

¡DIME! DOS

UNIDAD 1
LECCIÓN 1

¡A ESCRIBIR!

A **¿Qué decimos...?** Martín, Daniel, Tina, Margarita y el Sr. Galindo están hablando. Completa la descripción según la información dada en el video o en la fotonovela de esta lección.

1. _____ viven cerca de los Galindo.

2. _____ tiene un amigo por correspondencia.

3. _____ está lista para jugar baloncesto.

4. _____ están aprovechando los últimos días de vacaciones.

5. _____ son compañeros de clase.

6. _____ tiene muchas cuentas.

7. _____ recibe una carta desde Venezuela.

8. _____ está jugando baloncesto.

B **¿Qué te gusta hacer?** Marcela quiere saber qué le gusta a Terencio, y él quiere saber qué le gusta a ella. ¿Qué se preguntan mutuamente y qué se contestan?

MODELO

TERENCIO: **¿Te gusta bailar?**
MARCELA: **Sí, me gusta mucho.** o
Sí, me encanta.

1. MARCELA: ¿Te gusta jugar tenís?

   TERENCIO: Si, me gusta mucho.

2. TERENCIO: ¿Te gusta escribir?

   MARCELA: Si me encanta

3. TERENCIO: ¿Te gusta jugar futbol?

   MARCELA: Si me encanta.

4. MARCELA: ¿Te gusta escuchar a la musica?

   TERENCIO: Si me gusta mucho.

Nombre _____

Fecha _____

5. MARCELA: ¿Te gusta limpiar?

TERENCIO: ¡Si me gusta mucho?

6. TERENCIO: ¿Te gusta leer?

MARCELA: Si me encanta.

7. MARCELA: ¿Te gusta visitar tus abuelos?

TERENCIO: Si me gusta mucho.

8. TERENCIO: ¿Te gusta tocar la guitarra?

MARCELA: Si me gusta mucho.

C **El primer día de clases.** Los estudiantes y profesores de la escuela están haciendo muchas cosas. Completa cada oración con el presente de uno de los siguientes verbos para indicar lo que hacen.

mirar ✓   charlar ✓   llevar —   llegar —
saludar ✓   estudiar ✓   enseñar — teach

1. Diana ~~llega~~ saluda _____ a Luis.

2. Todos charlan _____ con sus amigos.

3. Nosotros miramos _____ el mapa.

4. Tú siempre ~~enseñas~~ llegas _____ tarde a clase.

5. Yo llevo _____ mis libros a las clases.

6. Las Srtas. Doménico y Álvarez ~~saluda saluda~~ enseñan en la sala.

7. ¡Nadie estudian _____ para los exámenes finales!

CH **Mucho trabajo.** Ya empezaron las clases y los estudiantes tienen mucho que leer y escribir. Completa cada oración con la forma apropiada del presente de **leer** o **escribir**.

1. (leer)   Elvira y Luis leen _____ *Les Miserables* en la clase de francés.

2. (escribir) Felipe escribe _____ una composición en la clase de inglés.

3. (escribir) Silvia y yo le escribimos _____ cartas al Ministro de Educación.

4. (leer)   Yo leo _____ un poema de Ana María Matute.

5. (escribir) David y Tomás escriben _____ una composición sobre la conquista de México.

6. (leer)   Tú no lees _____ la lección de química.

7. (escribir) Yo escribo _____ la tarea de francés.

8. (leer)   Nosotros leemos _____ un libro de historia.

9. (leer)   Carlos lee _____ *Don Quijote.*

10. (escribir) ¿Qué escribes _____ tú?

Nombre _____

Fecha _____

¡DIME! DOS

UNIDAD 1
LECCIÓN 1

¡A ESCRIBIR!

D   **Los sábados.** Según Pepita, ¿qué hace su familia los sábados?

MODELO

Por la mañana mamá toma café.

Por la mañana yo e limpio
_____

A las once y media mi hermano
lee el periodico.

A las nueve todos nosotros comemos
_____

A
A la una
y cuarto papa escribe.
_____

A las 2 dos y media mi hermano y yo jugamos golf.

A las tres y diez mama va de compras

En la noche mis amigas y yo miramos la teli

En la noche mama y papa escuchan a la radio

En la noche mi hermano come

Nombre _Christy Gaites_

Fecha _El 25 de septiembre 1994_

¡DIME!
DOS

UNIDAD **1**
LECCIÓN **1**

¡A ESCRIBIR!

E **Con frecuencia.** ¿Con cuánta frecuencia haces estas cosas?

MODELO *practicar deportes*
Nunca practico deportes.

todos los días
a veces
nunca

1. escribir composiciones

   Escribe composiciones a veces

2. sufrir exámenes

   Sufro exámenes a veces

3. sacar fotos de monumentos

   Saca fotos de monumentos a veces

4. leer el periódico

   Nunca leo el periódico

5. hablar con amigos

   Hablo con amigos todos los días.

6. limpiar la casa

   Nunca limpio la casa

7. recibir una carta

   Recibe una carta a veces

8. visitar a amigos en el hospital

   Nunca visito a amigos en el hospital

F   **Diario personal.** Todos los días escribes algo en tu diario. Escribe lo que haces en las horas indicadas.

MODELO

am

Son las ocho y media de la mañana. Estudio inglés en la clase de la Srta. Thornton.

am

pm

1. _Son las diez de la mañana. Estudio español en escuela._

2. _Son las ~~de~~ doce y media de la noche. ~~Como~~ Como bunitas._

pm

pm

3. _Son las doce menos cuarto de la noche. Estudio ingles_

4. _Son las tres de la ~~noche~~ tarde. Voy a mi casa._

pm

pm

5. _Son las seis y media de la ~~noche~~ tarde. Hago mi tarea_

6. _Son las ocho y cuarto de la noche. Hago la tarea._

Nombre _____

Fecha _____9-25-96_____

¡DIME!
DOS

UNIDAD 1
LECCIÓN 1

¡A ESCRIBIR!

G **Entrevista.** Lee las respuestas que Chucho Valdez dio en una entrevista y escribe las preguntas que le hizo el reportero.

REPORTERO: ¿ _Como se llama_ usted?

CHUCHO: Chucho, o en verdad, Marucho Valdez.

REPORTERO: ¿ _Cual de donde_ es?

CHUCHO: Soy de Mérida, Venezuela.

REPORTERO: ¿ _Cuantos_ años tiene?

CHUCHO: Veintidós años.

REPORTERO: ¿ _Porque_ es usted famoso?

CHUCHO: Soy jugador de baloncesto.

REPORTERO: ¿ _En que_ equipo juega?

CHUCHO: Para los Gigantes de Caracas.

REPORTERO: ¿ _Cuando_ juega su equipo en EE.UU.?

CHUCHO: En febrero.

REPORTERO: ¿ _Adonde_ vive durante el verano?

CHUCHO: Vivo en Caracas todo el año.

REPORTERO: ¿ _Cuanto_ dinero gana?

CHUCHO: Gano tres millones de bolívares.

REPORTERO: ¿ _Adonde_ viaja durante los veranos?

CHUCHO: A Europa o a Argentina; a veces a Brasil.

REPORTERO: ¿ _Por que_ le gusta jugar baloncesto?

CHUCHO: Es muy divertido y gano bastante dinero.

REPORTERO: ¿ _Con quien_ vive?

CHUCHO: Con mi familia y mi perro Gaucho.

REPORTERO: ¿ _Que_ sugerencia tiene para los jóvenes?

CHUCHO: ¡Que estudien y que obtengan su diploma del colegio!

Nombre _____

Fecha _____

¡DIME!
DOS

UNIDAD 1
LECCIÓN 1

VOCABULARIO PERSONAL

In this lesson you have reviewed exchanging greetings and introductions, discussing likes and dislikes, naming activities, and asking about favorite activities. You have also learned the new vocabulary listed below as well as additional vocabulary. Write all the vocabulary you have already learned under each category and add any other vocabulary which you found particularly useful in this lesson.

Para saludar y presentar

_____   _____

_____   _____

_____   _____

_____   _____

_____   _____

Para nombrar actividades

_____   _____

_____   _____

_____   _____

_____   _____

_____   _____

Para hablar de actividades favoritas

_____   _____

_____   _____

_____   _____

_____   _____

_____   _____

Sustantivos

correo _____

cuadrado _____

cuadrícula _____

lista _____

medio de transporte _____

nachos _(m.)_ _____

_____

personalidad _(f.)_ _____

preferencia _____

pregunta _____

rutina _____

talento _____

vida _____

_____

Descripción

largo(a) _____

listo(a) _____

_____

_____

negativo(a) _____

positivo(a) _____

_____

_____

Verbos

acabar (de) _____

aprovechar _____

asistir a _____

cantar _____

_____

_____

gozar _____

nadar _____

viajar _____

vivir _____

_____

_____

Palabras y expresiones

¡aguafiestas! _____

amigo(a) por
   correspondencia _____

echar de menos _____

fue un placer _____

_____

nos vemos _____

¿Qué hay de nuevo? _____

te toca a ti _____

_____

_____

Nombre _____

Fecha _____

¡DIME!
DOS

UNIDAD **1**
LECCIÓN **2**

¡A ESCUCHAR!

A **¿Cómo están?** Es lunes y todo el mundo habla de cómo se siente. Escucha los comentarios e indica si reflejan una actitud **positiva (+)** o **negativa(–)**. Escucha una vez más para verificar tus respuestas.

1. + –   5. + –

2. + –   6. + –

3. + –   7. + –

4. + –   8. + –

B **Por teléfono.** Estás enfermo(a) y no puedes asistir a la fiesta de René esta noche. Tu amigo Beto está describiendo lo que pasa en la fiesta. Escucha lo que dice e indica si lo que describe se ve en el dibujo o no. Escucha una vez más para verificar tus respuestas.

	Sí	No			Sí	No
1.	☐	☐		5.	☐	☐
2.	☐	☐		6.	☐	☐
3.	☐	☐		7.	☐	☐
4.	☐	☐		8.	☐	☐

¡Qué ganga! Fernando y David van de compras a un mercado al aire libre y ven estos artículos. Escucha su conversación y pon un círculo alrededor de todo lo que deciden comprar. Escucha una vez más para verificar tus respuestas.

Nombre _____

Fecha _____

¡DIME!
DOS

UNIDAD **1**
LECCIÓN **2**

¡A ESCUCHAR!

CH **Los fines de semana.** Carlota va a describir sus actividades de fines de semana. Escucha lo que dice e indica la secuencia cronológica de sus actividades. Escribe un número del 1 al 6 en los dibujos, indicando el orden en que las hace. Escucha una vez más para verificar tus respuestas.

_____

_____

_____

_____

_____

_____

De compras. Rebeca y su mamá van de compras. Escucha la conversación y selecciona la mejor respuesta para cada pregunta. Escucha una vez más para verificar tus respuestas.

1. ¿Adónde va Rebeca?

   a. a una fiesta

   b. a un baile

   c. a visitar a una amiga

2. ¿Qué compra Rebeca?

   a. un vestido

   b. una blusa

   c. una falda

3. ¿Qué se prueba Rebeca?

   a. una falda

   b. una blusa

   c. unos zapatos

4. ¿Cómo son el collar y los aretes?

   a. caros

   b. elegantes

   c. feos

5. ¿Adónde van Rebeca y su mamá?

   a. a un café

   b. al cine

   c. a casa

Nombre _____

Fecha _____

¡DIME!
DOS

UNIDAD **1**
LECCIÓN **2**

¡A ESCRIBIR!

A ¿Qué decimos...? Para conocer mejor a Margarita, combina las frases de la columna **A** con las de la columna **B**, según la información dada en el video o en la fotonovela de esta lección. Luego escribe las oraciones completas en los espacios que siguen a continuación.

A	**B**
1. Margarita todavía tiene que...	**a.** le va a gustar a su mamá.
2. Ella está muy preocupada porque...	**b.** tenía amigos en Venezuela.
3. A su mamá le encanta...	**c.** buscarle un regalo a su mamá.
4. Le puede...	**ch.** el lunes es el santo de su mamá.
5. Está segura de que...	**d.** la joyería de fantasía.
6. A Margarita le encantan...	**e.** sus compras.
7. Margarita no sabía que Daniel...	**f.** comprar un lindo juego de collar y aretes.

1. _____

_____

2. _____

_____

3. _____

_____

4. _____

_____

5. _____

_____

6. _____

_____

7. _____

_____

La clase de inglés. ¿Cómo son las clases de inglés en el colegio de Luis, Meche y Chela? Para contestar, completa cada oración con uno de los siguientes adjetivos.

Vocabulario útil:

junto	listo
difícil	simpático
bueno	contento
chévere	importantísimo

1. Las profesoras de inglés son muy _____.

2. Meche no está _____ para la clase de hoy.

3. Chela está _____ porque está en la clase de la profesora Alarcón.

4. Para Luis, la clase de inglés es muy _____.

5. Para Chela, aprender inglés es _____.

6. La Srta. Gray es muy _____.

7. Luis, Meche y Chela están _____ en la misma sección.

¿Cómo están? ¿Cómo se sienten estos alumnos y profesores en tu escuela?

MODELO

José y Beto están aburridos.

1. _____

_____

2. _____
_____

Tomás

3. _____
_____

Alberto

4. _____
_____

Alicia

5. _____
_____

6. Yo... _____
_____

CH **¿Qué quieren hacer?** Pregúntales a las siguientes personas si quieren hacer la actividad que aparece en el dibujo. Escribe tu pregunta y las respuestas de ellos.

MODELO

José y Beto, ¿quieren jugar fútbol?
Sí, queremos jugar fútbol. o
Por supuesto que queremos jugar fútbol.

1. _____
   _____
   _____
   _____

2. _____
   _____
   _____
   _____

3. _____
   _____
   _____
   _____
   _____

Nombre _____

Fecha _____

¡DIME!
DOS

UNIDAD 1
LECCIÓN 2

¡A ESCRIBIR!

Memo

4. _____

_____

_____

_____

Dorotea y Sergio

5. _____

_____

_____

_____

Eduardo

6. _____

_____

_____

_____

Carola

7. _____

_____

_____

D **¡Es hora de almorzar!** Es el primer día de clases y ya es hora de almorzar. ¿Dónde almuerzan las siguientes personas?

MODELO *Luis / Diana / cafetería*
   Luis y Diana almuerzan en la cafetería.

1. Meche, Salvador y Luis / patio del colegio

   _____

   _____

2. Nosotros / cafetería

   _____

   _____

3. Salvador y Luis / carro de Salvador

   _____

   _____

4. Chela / casa

   _____

   _____

5. Tú / frente a la biblioteca

   _____

   _____

6. El Sr. Gamboa / su clase

   _____

   _____

7. Yo / patio

   _____

   _____

8. Diana y la chica brasileña / cafetería

   _____

   _____

Nombre _____

Fecha _____

¡DIME!
DOS

UNIDAD **1**
LECCIÓN **2**

¡A ESCRIBIR!

E **¡Gracias, profesores!** Esta noche unos compañeros y tú van a servir una comida para todos los profesores de la escuela. ¿Qué sirven las siguientes personas?

MODELO **Cecilia y tú sirven la limonada.**

1. Susana _____ la sopa.

2. Pablo y Cucho _____ la ensalada.

3. Yo _____ albóndigas.

4. Cisco y tú _____ la tortilla española.

5. Carla _____ las papas fritas.

6. Rafael y yo _____ la fruta fresca.

7. Tú _____ el pastel de manzana.

8. Nosotros _____ el café y el té.

F **¡Hago tanto!** Hoy es un día típico. Describe lo que haces en cada uno de los dibujos.

MODELO

yo / Sr. Luján

Saludo al Sr. Luján.

1. _____

_____

2. _____

_____

3. _____

_____

4. _____

_____

5. _____

_____

6. _____

_____

Nombre _____

Fecha _____

¡DIME!
DOS

UNIDAD 1
LECCIÓN 2
VOCABULARIO PERSONAL

In this lesson you have learned to describe how people feel, shop for a gift and describe activities. You have also learned the new vocabulary listed below as well as additional vocabulary. Write all the vocabulary you have already learned under each category and add any other vocabulary which you found particularly useful in this lesson.

Para hablar de cómo te sientes

_____   _____
_____   _____
_____   _____
_____   _____
_____   _____

Para ir de compras

_____   _____
_____   _____
_____   _____
_____   _____

Para describir actividades

_____   _____
_____   _____
_____   _____
_____   _____
_____   _____
_____   _____

Regalos

arete *(m.)* _____

collar *(m.)* _____

_____

_____

_____

juego _____

pulsera _____

_____

_____

_____

Condiciones

estar frustrado(a) _____

estar seguro(a) _____

estar muerto(a) de hambre _____

_____

_____

_____

_____

_____

_____

_____

Sustantivos

forma _____

impresión _____

impuesto _____

_____

_____

_____

síntoma *(m.)* _____

vecino(a) _____

_____

_____

_____

_____

Verbos

contar _____

contestar _____

_____

_____

_____

_____

_____

_____

_____

_____

Nombre _____

Fecha _____

¡DIME!
DOS

UNIDAD 1
LECCIÓN 2

VOCABULARIO PERSONAL

Descripción

completo(a) _____   _____

rebajado(a) _____   _____

venezolano(a) _____   _____

_____   _____

_____   _____

Palabras y expresiones

Déjame ver. _____   _____

lo mismo _____   _____

¡Qué suerte! _____   _____

_____   _____

_____   _____

Nombre _____

Fecha _____

¡DIME!
DOS

UNIDAD **1**
LECCIÓN **3**

¡A ESCUCHAR!

A **¿Quién es?** Pepita está hablando de su familia. Escucha las descripciones e identifica a los miembros de su familia. Escucha una vez más para verificar tus respuestas.

Salchicha

Panchito y Rosita

Felipe y Eduardo

Papá

Mamá

1. _____   5. _____

2. _____   6. _____

3. _____   7. _____

4. _____   8. _____

B **¿Adónde van?** Es un lunes típico y toda la familia de Pedro se está preparando para salir de la casa. ¿Adónde va cada persona? Escucha lo que dice Pedro y marca con una X el lugar adonde van las personas mencionadas. Escucha una vez más para verificar tus respuestas.

MODELO   Escuchas: *Mamá va al mercado y al banco.*
Marcas: X en la intersección de **Mamá** con **mercado** y **banco.**

	Mamá	Papá	Pedro	Inés	Abuelita
mercado	X				
banco	X				
colegio					
oficina					
almacén					
gimnasio					
correos					
restaurante					
cine					

C **Planes.** Estas personas están hablando de sus planes para el fin de semana. Indica si hablan de obligaciones o no. Escucha una vez más para verificar tus respuestas.

	Hay obligación	No hay obligación			Hay obligación	No hay obligación
1.	☐	☐		5.	☐	☐
2.	☐	☐		6.	☐	☐
3.	☐	☐		7.	☐	☐
4.	☐	☐		8.	☐	☐

CH **Entrevista.** Primero lee esta lista de actividades. Luego escucha la entrevista entre Luisa y el locutor de un programa de radio. Al lado de cada actividad, escribe cuántos años hace que Luisa participa en ellas. Escucha una vez más para verificar tus respuestas.

1. jugar golf   ____ años

2. participar en torneos municipales   ____ años

3. competir en torneos nacionales   ____ años

4. jugar tenis   ____ años

5. tocar la guitarra en una banda   ____ años

Nombre

Fecha

¡DIME!
DOS

UNIDAD 1
LECCIÓN 3

¡A ESCUCHAR!

Estrategia para escuchar

Cómo captar la idea general

D **Programas de radio.** Con frecuencia, antes de decidir qué programa de radio o televisión vamos a escuchar, recorremos varias estaciones hasta encontrar algo que nos interese. Claro que al recorrer las estaciones, sólo necesitamos escuchar unos cuantos segundos para decidir qué tipo de programa es. Escucha una parte de estos siete programas e identifica en cada caso qué tipo de programa es. Escribe el número de cada programa junto a su descripción. El primero ya está indicado. Escucha una vez más para verificar tus respuestas.

_____ pronóstico del tiempo

_____ dedicación de una canción

_____ noticiero

___1___ programa de consejos

_____ anuncio comercial

_____ programa educativo

_____ radionovela o telenovela

Escuchemos un cuento

E **Las ardillas.** Primero lee las oraciones que siguen. Luego escucha esta historia e indica si las oraciones son **Ciertas (C)** o **Falsas (F)**. Escucha una vez más para verificar tus respuestas.

C F **1.** Ramón y Raquel viven con sus padres.

C F **2.** Según la abuela, la vida es difícil para las ardillas durante el verano.

C F **3.** La abuela cree que sus nietos deben jugar en el verano.

C F **4.** Ramón no quiere recoger nueces.

C F **5.** Raquel prefiere jugar con Ramón.

C F **6.** Al llegar el invierno, Ramón tiene hambre.

C F **7.** Raquel le da nueces a su hermano.

C F **8.** Al final, Ramón aprende a respetar las ideas de su abuela.

Nombre _____

Fecha _____

¡DIME!
DOS

UNIDAD **1**
LECCIÓN **3**

¡A ESCRIBIR!

A **¿Cómo son?** Describe a las siguientes personas de tu familia y de tu escuela.

1. El (la) director(a) de la escuela...

_____

_____

2. Mi mejor amigo(a)...

_____

_____

3. El (la) profesor(a) de educación física...

_____

_____

4. La secretaria de la escuela...

_____

_____

5. Mis padres...

_____

_____

6. Mis hermanos(as)...

_____

_____

7. Yo...

_____

_____

8. Tú...

_____

_____

9. Todos nosotros...

_____

_____

B **Los sábados.** Las siguientes personas van a muchos lugares los sábados. Escribe adónde van y qué van a hacer.

Raúl y Donaldo

1. _____
   _____
   _____

Clara

2. _____
   _____
   _____

Silvia

3. _____
   _____
   _____

nosotros

4. _____
   _____
   _____

Nombre _____

Fecha _____

¡DIME!
DOS

UNIDAD **1**
LECCIÓN **3**

¡A ESCRIBIR!

5. _____

_____

_____

6. _____

_____

_____

7. _____

_____

_____

¿En mi mochila? Todos tenemos cosas raras en nuestras mochilas. ¿Qué tienen las siguientes personas?

MODELO **Raquel tiene un perfume francés en su mochila.**

	un cuaderno viejo
Raquel	un perrito
Bari y Lilia	una guitarra
nosotros	unas novelas
tú	un gatito
Lucinda y tú	un perfume francés
Toño	una raqueta de tenis
yo	un juego de collar y aretes
los chicos chilenos	una pelota de fútbol
	una pulsera

1. _____

   _____

2. _____

   _____

3. _____

   _____

4. _____

   _____

5. _____

   _____

6. _____

   _____

7. _____

   _____

8. _____

   _____

Nombre _____

Fecha _____

¡DIME!
DOS

UNIDAD **1**
LECCIÓN **3**

¡A ESCRIBIR!

CH **¡Tengo tanto que hacer!** Luz tiene mucho que hacer esta semana. Escribe todo lo que tiene que hacer y cuándo tiene que hacerlo.

MODELO **El lunes y el jueves tiene que ir a la clase de baile.**

lunes	*ir clase de baile* *escribir composición / inglés*	*lavar platos*
martes	*hablar prof. Laora/ciencias* *estudiar examen historia*	*asistir concierto*
miércoles	*practicar bailes presentación* *hacer tarea / historia*	*lavar los platos*
jueves	*estudiar/examen historia* *ir clase de baile*	*limpiar casa* *visitar Lorenzo hospital*
viernes	*sufrir examen / historia* *enseñar clase/primeros auxilios*	
sábado/ domingo		

1. _____

_____

2. _____

_____

3. _____

_____

4. _____

_____

5. _____

_____

6. _____

_____

7. _____

_____

8. _____

_____

9. _____

_____

10. _____

_____

11. _____

_____

Nombre _____

Fecha _____

¡DIME!
DOS

UNIDAD 1
LECCIÓN 3

¡A ESCRIBIR!

D   **¡Hace mucho tiempo!** Hace mucho tiempo que Paco y sus amigos hacen las siguientes actividades. ¿Exactamente cuánto tiempo hace?

MODELO   *Paco / tocar la trompeta / 3 años*
           Hace tres años que Paco toca la trompeta.

1. Nosotros / estar en esta clase / 7 días

   _____

   _____

2. Silvia y Margarita / vivir aquí / 10 años

   _____

   _____

3. Yo / escribir poesía / 5 meses

   _____

   _____

4. Roberto / jugar jai alai / 4 años

   _____

   _____

5. Donato / asistir a este colegio / 1 semana

   _____

   _____

6. Tú / conocer a Paco / 6 años

   _____

   _____

7. Su hermano / conducir / 8 meses

   _____

   _____

8. Alicia / estudiar ruso / 7 años

   _____

   _____

Nombre _____

Fecha _____

¡DIME!
DOS

UNIDAD 1
LECCIÓN 3

VOCABULARIO PERSONAL

In this lesson you have learned to exchange information about where you are going, what you are going to do, what you have to do, and how long you have been doing something. You have also reviewed describing family, school and friends and have learned the new vocabulary listed below as well as additional vocabulary. Write all the vocabulary you have already learned under each category and add any other vocabulary which you found particularly useful in this lesson.

Para decir adónde vas y qué vas a hacer

_____   _____

_____   _____

_____   _____

_____   _____

Para hablar de lo que tienes que hacer

_____   _____

_____   _____

_____   _____

_____   _____

Para hablar de cuánto tiempo hace que haces algo

_____   _____

_____   _____

_____   _____

_____   _____

Para hablar de tu familia, escuela y amigos

_____   _____

_____   _____

_____   _____

_____   _____

Descripción de personas

débil _____

económico(a) _____

latinoamericano(a) _____

listo(a) _____

lento(a) _____

loco(a) _____

perezoso(a) _____

tacaño(a) _____

Música

orquesta _____

saxofón *(m.)* _____

_____

_____

_____

_____

Sustantivos

campeonato _____

clima *(m.)* _____

cultura _____

_____

interés *(m.)* _____

silla de ruedas _____

trabajador(a) _____

_____

Modismos con tener

tener miedo _____

tener sueño _____

tener suerte _____

_____

_____

_____

Verbos

acampar _____

cantar _____

esquiar _____

parecer _____

reunirse _____

_____

Palabras y expresiones

Hace (siete) años que... _____

me fascina _____

sobre todo _____

_____

_____

_____

_____

Nombre _____

Fecha _____

¡DIME!
DOS

UNIDAD 1
LECCIÓN 3

CON LA PALABRA EN LA BOCA

LAS SEÑALES UNIVERSALES

A **Antes de empezar.** ¿Cuánto sabes sobre las señales universales de tráfico? Contesta las siguientes preguntas para ver cuánto sabes.

1. Cuando llegas al aeropuerto de Madrid, ¿qué señal ves?

2. Si quieres ir al centro y no tienes carro, ¿qué señal buscas?

3. Si tienes que llamar a tu mamá, ¿qué señal buscas?

Lectura. Ahora lee estas señales de tráfico. Después contesta las preguntas.

1. ¿Qué señales ves o debes ver cerca de tu escuela?

2. ¿Qué señales ves o debes ver cerca del centro de tu pueblo o ciudad?

3. ¿Qué significa esta señal?   4. ¿Qué significa esta señal?

5. Diseña una señal para una escuela.   6. Diseña una señal para un parque.

Nombre _____

Fecha _____

¡DIME!
DOS

UNIDAD **2**
LECCIÓN **1**

¡A ESCUCHAR!

A **En la arepera.** Todo el mundo está hablando en la arepera. Indica sobre quién(es) están hablando las personas. Escucha una vez más para verificar tus respuestas.

MODELO   Escuchas: *Lo vi con su ex-novia.*

Escribes: X debajo del chico.

1. ☐ ☐ ☐ ☐

2. ☐ ☐ ☐ ☐

3. ☐ ☐ ☐ ☐

4. ☐ ☐ ☐ ☐

5. ☐ ☐ ☐ ☐

6. ☐ ☐ ☐ ☐

7. ☐ ☐ ☐ ☐

8. ☐ ☐ ☐ ☐

Nuevo vecino. Gregorio y Marta Salinas tienen un nuevo vecino. Lee las siguientes oraciones. Luego escucha la conversación entre los dos e indica si las oraciones son **Ciertas (C)** o **Falsas (F)**. Escucha la conversación una vez más para verificar tus respuestas.

C   F   **1.** Marta conoce al nuevo vecino.

C   F   **2.** Gregorio no quiere conocerlo.

C   F   **3.** El nuevo vecino es alto.

C   F   **4.** El nuevo vecino es rubio.

C   F   **5.** Gregorio estudia karate.

C   F   **6.** Marta le presenta el nuevo vecino a su hermano.

C   F   **7.** Marta va a invitar al nuevo vecino a tomar un café.

C   F   **8.** Gregorio va a llamar al nuevo vecino.

C

La escuela. Durante el recreo varios estudiantes están hablando de la escuela. Escucha sus comentarios e indica de qué están hablando. Escucha una vez más para verificar tus respuestas.

MODELO   Escuchas: *Los traigo conmigo.*
          Escribes: **X** debajo de **Los libros**

	Las clases	*Los libros*	*El director*	*La tarea*
1.	☐	☐	☐	☐
2.	☐	☐	☐	☐
3.	☐	☐	☐	☐
4.	☐	☐	☐	☐
5.	☐	☐	☐	☐
6.	☐	☐	☐	☐
7.	☐	☐	☐	☐
8.	☐	☐	☐	☐

Nombre _____

Fecha _____

¡DIME!
DOS

UNIDAD **2**
LECCIÓN **1**

¡A ESCUCHAR!

CH **Fotos.** Gabriel está enseñándote su álbum de fotos. Escucha sus comentarios e indica si las fotos son de sus parientes o de otras personas. Escucha una vez más para verificar tus respuestas.

MODELO Escuchas: *Ellos son nuestros primos.*
Escribes: **X** debajo de **Parientes de Gabriel**

	Parientes de Gabriel	*Otros*
1.	☐	☐
2.	☐	☐
3.	☐	☐
4.	☐	☐
5.	☐	☐
6.	☐	☐
7.	☐	☐
8.	☐	☐

D **Artista.** Lee las siguientes preguntas. Luego escucha esta entrevista con Mari E. Moción, una famosa cantante de rock y selecciona la respuesta correcta. Escucha una vez más para verificar tus respuestas.

1. ¿Cuántos discos compactos tiene Mari?

   a. 4

   b. 6

   c. 10

2. ¿A quién le da el crédito de su éxito?

   a. a su novio

   b. a su familia

   c. a su banda

3. ¿Dónde empezó a cantar en público?

    a. en el parque

    b. en un teatro

    c. en la escuela

4. ¿Qué pagaron los padres de Mari?

    a. sus clases de música

    b. sus instrumentos musicales

    c. la entrada a los conciertos

5. ¿Cuántos hermanos tiene Mari?

    a. dos hermanos y dos hermanas

    b. dos hermanos y una hermana

    c. dos hermanas y un hermano

6. ¿Qué va a pasar después del anuncio comercial?

    a. los hermanos van a cantar

    b. el locutor va a hablar con otro artista

    c. Mari va a cantar

Nombre _____

Fecha _____

¡DIME!
DOS

UNIDAD **2**
LECCIÓN **1**

¡A ESCRIBIR!

A **¿Qué decimos...?** Escribe el nombre de los estudiantes que aparecen en el video y en la fotonovela de esta lección de acuerdo con las siguientes oraciones.

Meche

Diana

Luis

Chela

Salvador

1. _____ invita a las chicas a comer arepas.

2. _____ tiene un hermano en la Universidad

Simón Bolívar.

3. _____ quiere saludar a Luis y a Salvador.

4. _____ acaba de mudarse de Maracaibo.

5. _____ son los amigos de Diana y de Meche.

6. _____ tienen tarea que hacer para la clase

de inglés.

7. _____ es la hermana de Meche.

8. _____ tiene un hermano pequeño y una hermana

mayor en la universidad.

¿Con cuánta frecuencia? A algunas personas las ves con mucha frecuencia y a otras de vez en cuando. ¿Cuándo ves a las siguientes personas?

MODELO *el entrenador de natación*
Lo veo los miércoles.

1. tus mejores amigos

   _____

   _____

2. tus compañeras del equipo

   _____

   _____

3. el subdirector de la escuela

   _____

   _____

4. tu abuela materna

   _____

   _____

5. tu mamá

   _____

   _____

6. los profesores

   _____

   _____

Nombre _____

Fecha _____

¡DIME!
DOS

UNIDAD **2**
LECCIÓN **1**

¡A ESCRIBIR!

C   **No lo encuentro.** La alcoba de Teresa es un desastre. Teresa no puede encontrar lo que busca. Escribe conversaciones breves entre Teresa y su mamá.

MODELO   *el libro de álgebra*
MAMÁ: **¿Buscas el libro de álgebra?**
TERESA: **Sí, pero no lo encuentro.**

1. las carpetas

MAMÁ: _____

TERESA: _____

2. el suéter rojo

MAMÁ: _____

TERESA: _____

3. la composición para la clase de inglés

MAMÁ: _____

TERESA: _____

4. los zapatos deportivos

MAMÁ: _____

TERESA: _____

5. el diccionario de francés

MAMÁ: _____

TERESA: _____

6. los regalos para sus abuelos

MAMÁ: _____

TERESA: _____

7. la computadora

MAMÁ: _____

TERESA: _____

8. el trofeo de tenis

MAMÁ: _____

TERESA: _____

Ya están haciéndolo. Tus compañeros tienen mucho que hacer. Los chicos ya empezaron a hacer las actividades pero las chicas van a empezar más tarde. Contesta las preguntas que figuran a continuación.

MODELO *¿Preparan la comida las chicas?*
No, pero la van a preparar más tarde. o
Sí, están preparándola.

1. ¿Compran las bebidas los chicos?

_____

_____

2. ¿Aprenden la lección Ana y Laura?

_____

_____

3. ¿Escriben cartas los chicos?

_____

_____

4. ¿Escuchan música Raúl y Beto?

_____

_____

5. ¿Toman un refresco las chicas?

_____

_____

6. ¿Comen el pastel Tere y Gloria?

_____

_____

7. ¿Leen la novela los hermanos?

_____

_____

8. ¿Visitan a sus abuelos las niñas?

_____

_____

Nombre _____

Fecha _____

¡DIME! DOS

UNIDAD 2
LECCIÓN 1

¡A ESCRIBIR!

D **¿De quién son?** ¿Qué le pregunta la profesora a la clase y qué le contestan los alumnos? Escribe las preguntas de la profesora y las respuestas de los estudiantes.

Luis   Toño y Carlos   Marta   David   Ana   Susana

MODELO

PROFESORA: **¿De quién es la guitarra? ¿De Luis?**
LUIS: **Sí, es mi guitarra.** o
CARLOS: **Sí, es su guitarra.**

1. PROFESORA: _____

_____

_____

TOÑO: _____

_____

2. PROFESORA: _____

_____

_____

MARTA: _____

_____

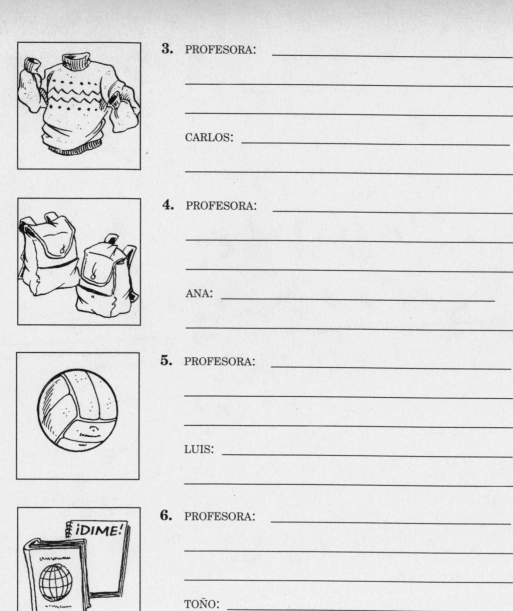

3. PROFESORA: _____

_____

_____

CARLOS: _____

_____

4. PROFESORA: _____

_____

_____

ANA: _____

_____

5. PROFESORA: _____

_____

_____

LUIS: _____

_____

6. PROFESORA: _____

_____

_____

TOÑO: _____

_____

7. PROFESORA: _____

_____

_____

MARTA: _____

_____

8. PROFESORA: _____

_____

_____

MARTA: _____

_____

Nombre _____

Fecha _____

¡DIME! DOS

UNIDAD **2**
LECCIÓN **1**

¡A ESCRIBIR!

E   **Son todo lo opuesto.** Un niño le habla de sus parientes a su mejor amigo, pero parece que el amigo no está de acuerdo. El amigo insiste en que los parientes son todo lo opuesto. Observa lo que el niño dice y escribe lo que su amigo le contesta.

MODELO   *Mis tíos son famosos.*
　　　　　Al contrario, tus tíos son desconocidos.

1. Mi abuelo es alto.

_____

_____

2. Mi prima Elena es bonita.

_____

_____

3. Mi mamá es inteligente.

_____

_____

4. Mis primos son fuertes.

_____

_____

5. Mis tías son organizadas.

_____

_____

6. Mis hermanitos son divertidos.

_____

_____

Son de... En tu opinión, ¿de quién son estas cosas?

MODELO   **El suéter es de David.**

LAS COSAS

LAS PERSONAS

 Cecilia

 Los Morales

 David

 Sergio

 Carmen y Adriana

 Ustedes

 Rafael y Dolores

 Nosotros

 Pilar

1. _____

2. _____

3. _____

4. _____

5. _____

6. _____

7. _____

8. _____

Nombre _____

Fecha _____

¡DIME! DOS

UNIDAD 2
LECCIÓN 1

VOCABULARIO PERSONAL

In this lesson you have reviewed how to discuss classes, ask and answer questions, and talk about possessions. You have also studied the new vocabulary listed below as well as additional vocabulary. Write all the vocabulary you have learned already under each category and add any other vocabulary that you found particularly useful in this lesson.

Para hablar del colegio y de los materiales escolares

_____   _____

_____   _____

_____   _____

_____   _____

_____   _____

Para hacer y contestar preguntas

_____   _____

_____   _____

_____   _____

_____   _____

_____   _____

Para hablar de posesiones

_____   _____

_____   _____

_____   _____

_____   _____

_____   _____

En un café

arepa _____

batido _____

mango _____

mesonero(a) _____

_____

_____

_____

_____

_____

_____

Descripción

amable _____

calientico(a) _____

escolar _____

_____

_____

_____

_____

_____

_____

Verbos

aparecer _____

apetecer _____

crecer _____

fijarse _____

lavar _____

saludar _____

_____

_____

_____

_____

_____

_____

Palabras y expresiones

a lo mejor _____

a menudo _____

¡Chévere! _____

de mi parte _____

oración _____

hacer el papel _____

sección _____

vecino(a) _____

_____

_____

© D.C. Heath and Company

Nombre _____

Fecha _____

¡DIME!
DOS

UNIDAD **2**
LECCIÓN **2**

¡A ESCUCHAR!

A **El fin de semana.** Carlos y sus amigos se divirtieron mucho el fin de semana pasado. Primero lee la lista. Luego escucha lo que dice Carlos e indica cuáles actividades hicieron. Escucha una vez más para verificar tus respuestas.

____ asistir a un concierto   ____ ir a un partido

____ bailar   ____ ir a una fiesta

____ comer pastel   ____ jugar fútbol

____ comer una pizza   ____ ver televisión

____ dormir hasta tarde   ____ ver una película

B **Una noche regular.** Tu amiga Linda te está contando sus actividades de anoche. Escucha lo que dice e indica la secuencia cronológica de las escenas escribiendo números del 1 al 6 debajo de los dibujos. Escucha una vez más para verificar tus respuestas.

_____

_____

_____

_____

_____

_____

Actividades. Emilio y Estela están comparando sus actividades del verano pasado. Escucha lo que dicen y completa el diagrama escribiendo las actividades de cada persona en la sección apropiada. Escribe las actividades que tienen en común en la intersección de los dos círculos. Escucha una vez más para verificar tus respuestas.

MODELO   Escuchas: *Fui mucho al cine.*
                          Yo también, casi todos los sábados.
          Escribes: **ir al cine** en la intersección de los círculos.

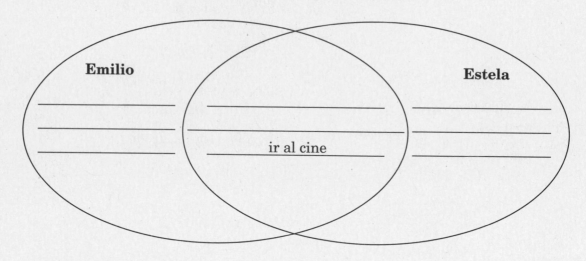

Emilio   Estela

ir al cine

Internacionales. Todos están presentándose en la primera reunión del Club Internacional de Caracas. Primero lee la lista. Luego escucha las presentaciones e indica qué países están representados. Escucha una vez más para verificar tus respuestas.

____ Canadá   ____ Vietnam

____ Venezuela   ____ Holanda

____ República Dominicana   ____ Francia

____ Alemania   ____ Grecia

____ Japón   ____ Estados Unidos

A Colombia. Rogelio fue de viaje con su familia el verano pasado. Lee la lista de cosas que hicieron. Luego escucha la descripción de su viaje e indica la secuencia cronológica de los eventos escribiendo números del 1 al 9 en los espacios en blanco. Escucha una vez más para verificar tus respuestas.

____ comer en un restaurante elegante   ____ ir al teatro

____ comprar recuerdos   ____ llegar a Bogotá

____ conocer Cali   ____ llegar a Cali

____ descansar   ____ visitar museos

____ ir al cine

© D.C. Heath and Company

Nombre _____

Fecha _____

¡DIME!
DOS

UNIDAD **2**
LECCIÓN **2**

¡A ESCRIBIR!

A **¿Qué decimos...?** Dibuja una línea que conecte a los siguientes personajes con las actividades que hicieron durante el verano. Debes basar tus respuestas en la información dada en la fotonovela o video de esta lección.

Luis

Vio un capibara.

Comió en un restaurante chino.

Vio una película francesa.

Vio unos programas norteamericanos en la tele.

Viajó por el Amazonas.

La visitaron sus primos alemanes.

Leyó una novela de James Bond.

Visitó a sus tíos en Colombia.

Meche

Salvador

Chela

Distintas actividades. No todos hacemos actividades divertidas durante los fines de semana. ¿Qué hicieron tú y tus amigos el fin de semana pasado?

1. Juancho _____

_____

2. Los hermanos Guzmán _____

_____

3. Gloria _____

_____

4. Papá y mamá _____

_____

5. Nosotros _____

_____

6. Yo _____

_____

7. Tú _____

_____

8. Chavela _____

_____

Nombre _____

Fecha _____

¡DIME!
DOS

UNIDAD 2
LECCIÓN 2

¡A ESCRIBIR!

C **El fin de semana.** Completa estas oraciones con el pretérito del verbo indicado para describir qué hicieron tú y tus amigos durante el fin de semana pasado.

1. Juancho y Tomás _____ (jugar) básquetbol.

2. Yo _____ (leer) una novela romántica.

3. Las hermanas Ruiz _____ (visitar) a sus tíos.

4. Sergio _____ (terminar) su trabajo.

5. Yo _____ (sacar) fotos de mis primos.

6. Clara y Rafa _____ (comer) en un

    restaurante chino.

7. Pablo _____ (estudiar) para el examen de ciencias.

8. Tú les _____ (escribir) cartas a tus amigos.

9. Nosotros _____ (ver) una película de aventuras.

10. Lola _____ (salir) con Pedro.

El jueves pasado. Tu buen amigo Jaime se fue de la ciudad el jueves pasado y ahora quiere saber qué hicieron tú y otras personas mientras él estuvo fuera. ¿Qué te pregunta y qué le contestas?

MODELO

Lilia y Donato
¿Qué hicieron Lilia y Donato?
Fueron a una fiesta. o
Bailaron en una fiesta.

1. José

_____

_____

_____

2. Roberto y Antonio

_____

_____

_____

3. Ana

_____

_____

_____

4. tú

_____

_____

_____

5. Francisco y Luis

_____

_____

_____

6. Gloria

_____

_____

_____

7. Consuelo y Marta

_____

_____

_____

8. Rico

_____

_____

_____

¿Adónde fueron? Tú y tus amigos fueron a distintos lugares el domingo pasado. Indica adónde fueron.

1. Memo y Sergio _____

2. Nosotros _____

3. Gloria y Ana _____

4. David _____

5. Yo _____

6. Alberto y yo _____

7. Margarita _____

8. Tú _____

Nombre _____

Fecha _____

¡DIME!
DOS

UNIDAD **2**
LECCIÓN **2**

¡A ESCRIBIR!

E **La carta.** Gabriela le escribió una carta a su abuela en la que describe sus actividades del sábado pasado. Escribe el pretérito de los verbos correspondientes.

1. ir	**5.** preparar	**9.** tocar
2. jugar	**6.** comer	**10.** empezar
3. pasear	**7.** dormirse	**11.** correr
4. subirse	**8.** cantar	**12.** preparar

Querida abuelita:

Lo pasé muy bien el sábado pasado. Ramón y yo (1) _____ al parque con nuestros amigos. Todos los chicos (2) _____ fútbol, como siempre. Delia y yo (3) _____ por el zoológico. Después, todos (4) _____ a unas lanchas. Delia y Beatriz (5) _____ el almuerzo. Yo (6) _____ demasiado y me (7) _____ por un rato después del almuerzo. Por la tarde, los chicos (8) _____ canciones románticas y Delia (9) _____ la guitarra. ¡A las cuatro (10) _____ a llover! Todos nosotros (11) _____ a casa de Lupe. Su mamá nos (12) _____ una comida fantástica. Te escribo nuevamente el jueves que viene.

Con cariño,
Gabriela

F **La semana pasada.** Escribe un párrafo en el que cuentas tus actividades de la semana pasada.

_____

_____

_____

_____

_____

_____

_____

_____

_____

_____

_____

_____

_____

_____

_____

_____

_____

_____

_____

G ¡**Es impresionante!** Gloria acaba de hacer un análisis del origen de las cosas en su alcoba y el resultado es impresionante. ¿De dónde vienen sus cosas?

MODELO *guitarra / España*
      Su guitarra es española.

1. chaqueta / Japón

   _____

2. discos compactos / Inglaterra

   _____

3. zapatos / Guatemala

   _____

4. sombrero / China

   _____

5. blusa / Grecia

   _____

6. suéter / Noruega

   _____

7. silla / Dinamarca

   _____

8. mochila / Paraguay

   _____

9. reloj / Alemania

   _____

10. zapatos / Vietnam

   _____

© D.C. Heath and Company

Nacionalidad. Miriam está describiendo a sus compañeros de clase.
¿Cuál es la nacionalidad de sus compañeros?

MODELO *Rosario / Argentina*
Rosario es argentina.

1. Olga / Suecia

   _____

2. Anne Marie y Jean-Paul / Canadá

   _____

3. Penélope / Inglaterra

   _____

4. Sundeep *(m)* / India

   _____

5. Anna / Grecia

   _____

6. Rodrigo / Chile

   _____

7. David / EE.UU.

   _____

8. Franz e Irmgard / Alemania

   _____

9. Mikail / Rusia

   _____

10. Diana y Linda / Puerto Rico

    _____

Nombre _____

Fecha _____

¡DIME!
DOS

UNIDAD **2**
LECCIÓN **2**

VOCABULARIO PERSONAL

In this lesson you discussed cultural stereotypes, identified points of contact with other cultures, and talked about past summer vacations. You have also studied the new vocabulary listed below as well as additional vocabulary. Write all the vocabulary you have learned already under each category and add any other vocabulary that you found particularly useful in this lesson.

Nacionalidades: Contacto con otras culturas

alemán, alemana

brasileño(a)

chino(a)

coreano(a)

danés, danesa

escocés, escocesa

español(a)

filipino(a)

francés, francesa

griego(a)

holandés, holandesa

israelita *(m./f.)*

italiano(a)

japonés, japonesa

marroquí *(m./f.)*

noruego(a)

paquistaní *(m./f.)*

portugués, portuguesa

ruso(a)

sueco(a)

suizo(a)

vietnamita *(m./f.)*

Para hablar de estereotipos

© D.C. Heath and Company

Para hablar del verano pasado

_____   _____

_____   _____

_____   _____

_____   _____

_____   _____

_____   _____

La selva tropical

científico ambiental _____   _____

salvaje _____   _____

selva _____   _____

_____   _____

_____   _____

_____   _____

Animales

anaconda _____   jaguar _____

boa _____   pájaro _____

caimán _(m.)_ _____   piraña _____

capibara _(m.)_ _____   serpiente _____

culebra _____   tapir _____

guacamayo(a) _____   _____

_____   _____

_____   _____

Verbos

asistir (a) _____   comer _____

asustar _____   correr _____

bailar _____   durar _____

beber _____   _____

_____   _____

A **Más grande.** Pepito y Enriquito están discutiendo sus animales favoritos. Escucha los comentarios que hacen e indica si hablan de la **serpiente** o de la **tortuga**. Escucha una vez más para verificar tus respuestas.

	La serpiente	*La tortuga*
1.	☐	☐
2.	☐	☐
3.	☐	☐
4.	☐	☐
5.	☐	☐
6.	☐	☐
7.	☐	☐

B **Comparaciones.** Juanita se compara a sí misma con su mejor amiga Sara. Escucha lo que dice e indica cómo se compara. Escucha una vez más para verificar tus respuestas.

MODELO   Escuchas: *Sara es más alta que yo.*
          Indicas: **+**
          Escuchas: *Sara es menos estudiosa que yo.*
          Indicas: **–**
          Escuchas: *Sara tiene tantos hermanos como yo.*
          Indicas: **=**

1.	+	–	=		6.	+	–	=
2.	+	–	=		7.	+	–	=
3.	+	–	=		8.	+	–	=
4.	+	–	=		9.	+	–	=
5.	+	–	=		10.	+	–	=

Centro comercial. Un comentarista de la radio está hablando sobre un nuevo centro comercial. Indica si sus comentarios son favorables ☺ o negativos ☹. Escucha una vez más para verificar tus respuestas.

1. ☺   ☹   5. ☺   ☹

2. ☺   ☹   6. ☺   ☹

3. ☺   ☹   7. ☺   ☹

4. ☺   ☹   8. ☺   ☹

Entrevista. Primero lee las siguientes respuestas posibles. Luego escucha la entrevista entre Jorge y la Sra. Tejeda, una profesora boliviana. Entonces selecciona la mejor respuesta. En algunos casos puede haber varias respuestas correctas. Escucha una vez más para verificar tus respuestas.

1. Tamaño: menos grande que (Texas, Alaska, Georgia)

2. Población: como (Texas, Alaska, Georgia)

3. Ciudad más grande: (Phoenix, La Paz, Sucre)

4. Capitales: (Phoenix, La Paz, Sucre)

5. Idiomas oficiales: (español, quechua, aimará, guaraní)

6. Clima: (invariable, variable)

7. Selva: en el (sudoeste, centro, noreste)

8. Animales: (elefante, jaguar, capibara)

9. Costas marinas: (atlántica, pacífica, no hay)

10. Lo más interesante: (la gente, la geografía, la historia)

Nombre _____

Fecha _____

¡DIME!
DOS

UNIDAD 2
LECCIÓN 3

¡A ESCUCHAR!

Estrategias para escuchar

Cómo reconocer palabras afines

D

Sudamérica. Al escuchar el español, oímos muchas palabras afines con el inglés. Para comprender lo que oímos, es importante poder reconocer estas palabras.

Mira la siguiente lista de palabras y adivina lo que significan. Ahora escucha un programa informativo sobre Sudamérica e indica cuáles de estas palabras afines oyes. Escucha una vez más para verificar tus respuestas.

_____ contrastes	_____ productos	_____ étnicos
_____ movimiento	_____ navegable	_____ energía
_____ corriente	_____ popular	_____ zonas
_____ oeste	_____ populoso	_____ árida
_____ pico	_____ variedad	_____ área

Cómo enfocar los detalles

E

Sudamérica. A veces, al escuchar una selección, nos interesa prestar atención a información específica. En estos casos, nos enfocamos en los detalles. Esta vez, vas a escuchar la misma selección para encontrar las respuestas a las siguientes preguntas.

Primero, lee las siguientes preguntas. Escucha la información y selecciona la mejor respuesta. Finalmente, escucha una vez más para verificar tus respuestas.

1. La cordillera de los Andes...

    a. es la más larga del mundo

    b. está situada al este del continente

    c. se extiende del este al oeste del continente

2. La Paz...

    a. es el pico más alto

    b. está situada en Argentina

    c. es la capital más alta

3. Maracaibo es...

    a. un río importante

    b. un lago alto

    c. un lago grande

4. Titicaca es...

    a. el lago navegable más alto del mundo

    b. un río navegable

    c. el lago más grande de Venezuela

5. El español es una lengua oficial en....

    a. Brasil

    b. nueve países sudamericanos

    c. todos los países de Sudamérica

6. El país más grande de América del Sur es...

    a. Brasil

    b. Argentina

    c. Perú

7. Los grupos étnicos principales consisten en...

    a. los negros y los blancos

    b. los blancos y los indígenas

    c. los blancos, los negros y los indígenas

8. El clima de Sudamérica es...

    a. tropical en todas partes

    b. variado

    c. caliente

Una historia

F

Laura, la pequeñita. Lee las oraciones que aparecen a continuación. Luego escucha esta historia e indica si las oraciones son **Ciertas (C)** o **Falsas (F)**. Escucha una vez más para verificar tus respuestas.

C   F   **1.**   Laura y Mario viven en la ciudad.

C   F   **2.**   Laura es menor que Mario.

C   F   **3.**   A Mario le gusta jugar con Laura.

C   F   **4.**   A Mario le encanta su gato.

C   F   **5.**   Un día el gato se sube a un árbol.

C   F   **6.**   El gato llora, diciendo "miau, miau".

C   F   **7.**   Mario se sube al árbol pero no puede bajar al gato.

C   F   **8.**   Laura es demasiado pequeña para subirse al árbol.

C   F   **9.**   Por fin, el padre rescata al gato.

C   F   **10.**   Después Laura juega mucho con el gato.

Nombre _____

Fecha _____

¡DIME!
DOS

UNIDAD 2
LECCIÓN 3

¡A ESCRIBIR!

A **Sudamérica.** Consulta el mapa de Sudamérica en la página ix del libro de texto y contesta las siguientes preguntas.

1. Si quieres viajar por el río Amazonas desde donde nace hasta donde desemboca en el Océano Atlántico, ¿a qué país tienes que ir?

   _____

2. Nombra cinco tributarios del río Amazonas.

   _____

3. ¿Cómo se llama la ciudad principal qué está en la desembocadura del río Amazonas?

   _____

4. Nombra un puerto importante del río Amazonas.

   _____

5. Nombra los países que tienen tributarios del río Amazonas.

   _____

6. Nombra el país que tiene costas en dos océanos.

   _____

7. ¿Qué países son más pequeños que Ecuador?

   _____

8. ¿Qué país es más grande que Argentina?

   _____

9. Nombra dos países que no tienen costa al mar.

   _____

10. ¿Qué país es más montañoso que Perú?

    _____

11. ¿Entre qué países se encuentra el lago Titicaca?

    _____

Comparaciones. En el almacén, María y Consuelo comparan todo lo que ven. ¿Qué dicen?

MODELO *chaqueta / amarillo / caro / chaqueta / rojo*
La chaqueta amarilla es más cara que la chaqueta roja.

1. computadora / "Maestro" / barato / computadora / "Real"

_____

_____

2. bata / corto / bonito / bata / largo

_____

_____

3. zapatos / blanco / grande / zapatos / negro

_____

_____

4. suéter / azul / elegante / suéter / verde

_____

_____

5. sofá / grande / cómodo / sofá / pequeño

_____

_____

6. escritorio / negro / grande / escritorio / blanco

_____

_____

Nombre _____

Fecha _____

¡DIME!
DOS

UNIDAD **2**
LECCIÓN **3**

¡A ESCRIBIR!

C   **Comparaciones.** María y Consuelo están comparando a sus amigos.
Escribe lo que dicen.

EJEMPLO   *Rubén: 16 años y alto*
Ricardo: 17 años y bajo
**Rubén es menor que Ricardo, pero Ricardo es
más bajo que Rubén.**

1. **Ana:** 17 años y rubia
   Estela: 16 años y alta

   _____

   _____

2. **Rafaela:** inteligente y 18 años
   Bárbara: artística y 17 años

   _____

   _____

3. **Lilia:** trabajadora y 15 años
   David: perezoso y 16 años

   _____

   _____

4. **Concepción:** 17 años y baja
   su hermana: 15 años y alta

   _____

   _____

5. **Andrés:** 16 años y cómico
   Jorge: 18 años y serio

   _____

   _____

6. **Margarita:** tímida y 19 años
   Rosa: extrovertida y 16 años

   _____

   _____

Aprendo muchísimo. Eliseo siempre exagera cuando habla de lo que aprende en su clase de geografía. ¿Qué dice de los siguientes lugares?

MODELO *el desierto Atacama / peligroso*
> **El desierto Atacama es peligrosísimo.**

1. el río Amazonas / largo

   _____

   _____

2. Buenos Aires / hermoso

   _____

   _____

3. la selva / grande

   _____

   _____

4. los Andes / alto

   _____

   _____

5. el Océano Atlántico / importante

   _____

   _____

6. Antártida / interesante

   _____

   _____

7. la selva tropical / importante

   _____

   _____

8. el lago Titicaca / grande

   _____

   _____

Nombre _____

Fecha _____

¡DIME!
DOS

UNIDAD **2**
LECCIÓN **3**

¡A ESCRIBIR!

D **En la clase.** ¿Quiénes de tu clase de español, de tu escuela, del equipo de fútbol o de tu familia sobresalen por las siguientes cualidades?

EJEMPLO *inteligente*
> **Gloria es la más inteligente de la clase.** o
> **Yo soy el menos inteligente de la familia.**

1. inteligente

   _____

2. aventurero

   _____

3. simpático

   _____

4. pesimista

   _____

5. joven

   _____

6. desorganizado

   _____

7. cómico

   _____

8. fuerte

   _____

9. flaco

   _____

10. extrovertido

   _____

Nombre _____

Fecha _____

¡DIME!
DOS

UNIDAD **2**
LECCIÓN **3**

VOCABULARIO PERSONAL

In this lesson you studied vocabulary that enables you to make comparisons, discuss geography, and talk about the environment. You have also studied vocabulary to name animals and talk about the tropical forests. Write all the words that you have already learned under each category and add any other vocabulary that you found particularly useful in this lesson.

Para hacer comparaciones

_____   _____

_____   _____

_____   _____

_____   _____

_____   _____

_____

Para hablar de la geografía

_____   _____

_____   _____

_____   _____

_____   _____

_____

Para hablar del medio ambiente

árbol _____   preservar _____

desarrollo _____   producto _____

peligroso(a) _____   puerto _____

planta _____

_____

_____

Animales

león _____

leopardo _____

mono _____

pulga _____

_____

ratón _____

tortuga _____

tucán _____

_____

Descripción

diverso(a) _____

étnico(a) _____

feroz _____

lento(a) _____

_____

mayor _____

menor _____

natural _____

_____

Sustantivos

cordillera _____

costa _____

_____

_____

investigación _____

océano _____

_____

_____

Verbos

comparar _____

desembocar _____

identificar _____

_____

_____

localizar _____

mencionar _____

_____

_____

Palabras y expresiones

ejercicio _____

medio ambiente _____

_____

_____

ser necesario _____

tierra _____

_____

_____

El Amazonas

Find the words listed below that relate to the Amazon River, its animals, and its environs. The hidden words are written from top to bottom and from left to right. Circle the words. Then use the uncircled letters to spell a hidden message.

animal	árbol	boa	calor
caucho	león	madera	medio ambiente
nuez	orillas	pájaro	peligro
piraña	planta	pulgas	ratón
riqueza	selva	serpientes	tapir
tortugas	tropical	tributario	tucán

```
U   N   T   V   R   T   T   A   P   I   R
M   P   R   C   A   U   C   H   O   R   C
E   U   I   I   T   C   A   J   E   I   A
D   L   B   L   O   A   P   A   L   Q   L
I   G   U   E   N   N   I   R   I   U   O
O   A   T   O   O   A   R   M   S   E   R
A   S   A   N   I   M   A   L   E   Z   A
M   O   R   Z   O   N   Ñ   A   R   A   S
B   R   I   P   E   S   A   C   P   T   T
I   I   O   E   N   U   E   Z   I   O   R
E   L   M   L   P   S   P   H   E   R   O
N   L   A   I   A   E   L   A   N   T   P
T   A   D   G   J   L   A   R   T   U   I
E   S   E   R   A   V   N   B   E   G   C
E   V   R   O   R   A   T   O   S   A   A
E   R   A   B   O   A   A   L   E   S   L
```

Mensaje secreto:

¡_ _ _ _ _ _ _ _ _ _ _ _ _ _ _ _ _ _ _ _ _

_ _ _ _ _ _ _ _ _!

Nombre _____

Fecha _____

¡DIME!
DOS

UNIDAD 3
LECCIÓN 1

¡A ESCUCHAR!

A　**¿Hace buen tiempo?** En tu radio de onda corta oyes algunos pronósticos del tiempo. Escucha cada pronóstico y escribe la letra del dibujo correspondiente en el espacio en blanco. Escucha una vez más para verificar tus respuestas.

1. _____　　2. _____　　3. _____　　4. _____　　5. _____

¡Qué semana! Rafael y Susana están hablando de sus actividades de la semana pasada. Escucha lo que dicen y marca las actividades y el día con la letra inicial del nombre correspondiente. Escucha una vez más para verificar tus respuestas.

MODELO   Escuchas: *El lunes fui a nadar.*
               Escribes: **S** en la intersección de **Lunes** con **nadar.**

	Lunes	*Martes*	*Miércoles*	*Jueves*	*Viernes*	*Sábado*	*Domingo*
nadar	S						
cine							
ver la tele							
estudiar							
leer							
jugar tenis							
correr							
concierto							
compras							
composición							

Una fiesta. Todos fueron a una fiesta el pasado fin de semana y tienen diferentes opiniones sobre sus experiencias. Escucha los comentarios e indica si reflejan una actitud **positiva (+)** o **negativa (–)**. Escucha una vez más para verificar tus respuestas.

1. +   –   5. +   –

2. +   –   6. +   –

3. +   –   7. +   –

4. +   –   8. +   –

Nombre _____

Fecha _____

CH **En el parque.** Mira el dibujo e indica si los comentarios que escuchas se refieren a las personas en el parque que está más cerca o en el que está más lejos. Escucha una vez más para verificar tus respuestas.

MODELO   Escuchas: *Estas personas están comiendo.*
         Marcas: **Cerca**

         Escuchas: *Aquellas personas están comiendo.*
         Marcas: **Lejos**

	Lejos	*Cerca*			*Lejos*	*Cerca*
1.	☐	☐		5.	☐	☐
2.	☐	☐		6.	☐	☐
3.	☐	☐		7.	☐	☐
4.	☐	☐		8.	☐	☐

Carta por casete. Acabas de recibir por correo este casete de tu amiga Amalia. Lee las siguientes oraciones. Luego escucha el casete e indica si cada oración es **Cierta (C)** o **Falsa (F)**. Escucha una vez más para verificar tus respuestas.

C   F   **1.** Amalia se divirtió mucho el fin de semana pasado.

C   F   **2.** Hizo buen tiempo.

C   F   **3.** Fue al cine con Nilda.

C   F   **4.** Visitó un estudio de televisión.

C   F   **5.** Conoció a un actor muy famoso.

C   F   **6.** El primo de Nilda es locutor de radio.

C   F   **7.** El tío de Nilda invitó a Amalia a cenar con ellos.

C   F   **8.** A Amalia le gustó mucho la comida.

Nombre _____

Fecha _____

¡DIME!
DOS

UNIDAD **3**
LECCIÓN **1**

¡A ESCRIBIR!

A **¿Qué decimos...?** Escribe la respuesta correspondiente a las siguientes preguntas y comentarios sacados del video y de la fotonovela de esta lección.

Respuestas:
Espero que sí.
Pues, es muy pronto para hacer planes.
Faltan quince minutos.
Al contrario, señor Miranda. El gusto es mío.
Pon un anuncio... ¡ahora!
Se cayó de una bolsa de papel común y corriente.

1. IRENE: ¿Cuánto tiempo falta?

   LUIS: _____

2. IRENE: Papá te puede ayudar, estoy segura.

   LUIS: _____

3. SR. MIRANDA: ¿Cómo lo encontró?

   SR. RIVERA: _____

4. SR. MIRANDA: ¿Y ya tienes planes para el dinero?

   SR. RIVERA: _____

5. SR. MIRANDA: Es un placer hablar con usted.

   SR. RIVERA: _____

6. LUIS: ¡Ay, caramba!

   SR. MIRANDA: _____

Pronóstico del tiempo. Basándote en el siguiente mapa meteorológico escribe el pronóstico para mañana en las siguientes ciudades del mundo.

MODELO   *Caracas*
         En Caracas va a hacer sol y calor.

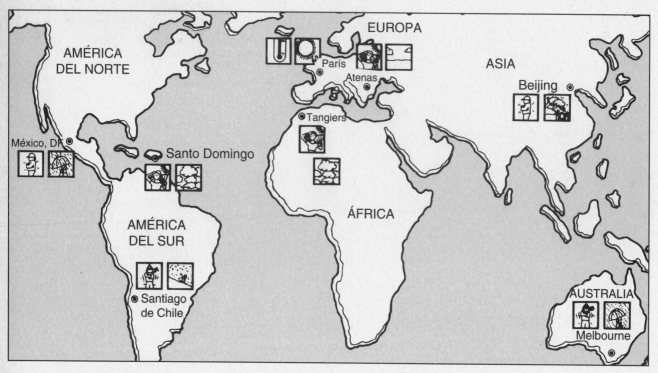

1. Beijing

   _____

2. París

   _____

3. Santiago de Chile

   _____

4. Melbourne

   _____

5. Santo Domingo

   _____

6. Tangiers

   _____

7. México, D. F.

   _____

8. Atenas

   _____

Nombre _____

Fecha _____

¡DIME!
DOS

UNIDAD **3**
LECCIÓN **1**

¡A ESCRIBIR!

C **Hace calor.** ¿Qué tiempo hace cuando participas en las siguientes actividades?

MODELO *nadar*
Nado cuando hace calor.

1. esquiar (en la nieve)

_____

_____

2. arreglar el garaje

_____

_____

3. trabajar en el jardín

_____

_____

4. salir a pasear con amigos

_____

_____

5. jugar tenis

_____

_____

6. leer un libro policíaco

_____

_____

7. comer helado

_____

_____

CH **¡Nadie fue!** ¿Qué pasó el día de la recepción en la Embajada de Bolivia? ¿Por qué no fueron los estudiantes de la clase de Español 2? Para saber las respuestas a estas preguntas, completa las siguientes oraciones con el pretérito de **querer** o **tener**.

1. Chucho _____ ir a la recepción pero _____ que visitar a sus abuelos.

2. Raquel y Lola _____ ir pero _____ que trabajar.

3. Tú _____ ir pero _____ que estudiar para un examen.

4. La profesora _____ ir pero _____ que calificar exámenes.

5. Yo _____ ir pero _____ que preparar la comida.

6. Las hermanas Tollán _____ ir pero _____ que ir a la clase de baile.

7. Nosotros _____ ir pero _____ que hacer otras cosas.

D **Un día terrible.** Jaime está hablando por teléfono con su amigo Ernesto. Le describe lo que pasó ayer. Para saber lo que dice, completa el siguiente párrafo con el pretérito de los siguientes verbos.

1. ser	**4.** hacer	**7.** traer	**10.** estar
2. querer	**5.** andar	**8.** estar	**11.** decir
3. poder	**6.** decir	**9.** poner	**12.** tener

(1) ¡_____ terrible! Vi el otro coche y (2) _____ parar pero no (3) _____. Sé que (4) _____ todo lo posible para evitarlo pero... Rápidamente (5) _____ dos cuadras hasta una tiendita y llamé a papá. Él me (6) _____ que regresara al carro. Papá (7) _____ a la policía y ellos analizaron el accidente. (8) _____ allí por más de una hora. Claro, yo me (9) _____ muy nervioso y (10) _____ intranquilo hasta que uno de los policías (11) _____ que yo no (12) _____ la culpa.

Nombre _____

Fecha _____

¡DIME!
DOS

UNIDAD **3**
LECCIÓN **1**

¡A ESCRIBIR!

E   **¡Éxito!** La fiesta del Club de Español fue fantástica. ¿Por qué salió tan bien?

MODELO   **Pilar trajo los refrescos.**

nosotros	decir	los refrescos
ustedes	estar	bailar mucho
Sergio y Gloria	poder	temprano
tú	poner	de la fiesta hasta el día siguiente
los profesores	saber	las flores en las mesas
el director	querer	contentísimo
Pilar	venir	que le gustó mucho
yo	traer	tocar la guitarra bien

1. _____

   _____

2. _____

   _____

3. _____

   _____

4. _____

   _____

5. _____

   _____

6. _____

   _____

7. _____

   _____

8. _____

   _____

In this lesson you learned to describe past events and activities, predict and describe the weather, and point out specific people and things. You have also learned the new vocabulary listed below plus additional vocabulary. Write all the vocabulary you have learned already under each category and add any new vocabulary that you found particularly useful in this lesson.

Para describir eventos y actividades del pasado

_____   _____

_____   _____

_____   _____

_____   _____

_____   _____

Para señalar cosas y personas

_____   _____

_____   _____

_____   _____

_____   _____

El tiempo

centígrado _____   mínimo(a) _____

grado _____   nublado(a) _____

lluvia _____   occidental _____

llovizna _____   occidente *(m.)* _____

lloviznar _____   oriental _____

máximo(a) _____   oriente *(m.)* _____

_____   _____

_____   _____

El incidente

autoridad *(f.)* _____

basura _____

basurero _____

bolsa _____

común y corriente _____

empleado(a) _____

honesto(a) _____

_____

_____

_____

honor *(m.)* _____

incidente *(m.)* _____

insólito(a) _____

plata _____

reclamar _____

vaciar el basurero _____

_____

_____

_____

Palabras y expresiones

a eso de _____

aislado(a) _____

contrario _____

al contrario _____

por el contrario _____

_____

_____

escrito(a) _____

faltar tiempo _____

por escrito _____

policíaco(a) _____

posibilidad _____

_____

_____

A   **Después de las clases.** La mamá de Pablo lo llama por teléfono después de las clases para decirle lo que debe hacer. Indica cuáles de estas tareas debe hacer Pablo. No indiques las cosas que no debe hacer. Escucha una vez más para verificar tus respuestas.

_____ comer un sándwich

_____ empezar a preparar la comida

_____ hablar por teléfono

_____ hacer la tarea

_____ lavar el perro

_____ lavar los platos

_____ limpiar el cuarto

_____ organizar el armario

_____ poner la mesa

_____ ver televisión

B   **Con el médico.** Estás en la oficina del médico y oyes estos mandatos. ¿Hablan estas personas con un adulto o con un niño? Escucha una vez más para verificar tus respuestas.

1. ☐   ☐

2. ☐   ☐

3. ☐   ☐

4. ☐   ☐

5. ☐   ☐

6. ☐   ☐

7. ☐   ☐

8. ☐   ☐

Arte. En una clase de arte recibes estas instrucciones. Síguelas. Escucha una vez más y completa el dibujo. Reúnete en grupo y verifica el dibujo junto con tus compañeros.

Nombre _____

Fecha _____

¡DIME!
DOS

UNIDAD **3**
LECCIÓN **2**

¡A ESCUCHAR!

CH   **Consejos.** Todas estas personas siguen los consejos de sus amigos. Indica el dibujo que corresponde al consejo. Escucha una vez más para verificar tus respuestas.

A

B

C

CH

D

E

D **Una receta.** Quieres aprender a hacer flan. Tu amiga Rosa te dio esta receta por teléfono pero no la escribiste bien la primera vez. Escucha la receta y complétala. Escucha una vez más para verificar la receta.

INGREDIENTES

Flan

2 tazas de leche

4 _____

1 taza de azúcar

1 cucharadita de vainilla

Caramelo

1/4 de taza de _____

unas gotitas de jugo de limón

INSTRUCCIONES

En una cacerola, mezcla el 1/4 de taza de azúcar y el jugo de limón y calienta _____ hasta que el azúcar se vuelva líquido y dorado.

En otra cacerola, pon la _____ y la vainilla a hervir. Aparte, mezcla los huevos con el azúcar. Ahora, échale la leche caliente poco a poco. _____ la mezcla en la primera cacerola y pon ésta en una cacerola más grande con agua hirviendo. Pon todo al horno a 350 grados por una _____ o más. Al sacar el flan del horno, déjalo enfriar por varias horas antes de servirlo.

Nombre _____

Fecha _____

¡DIME!
DOS

UNIDAD **3**
LECCIÓN **2**

¡A ESCRIBIR!

A **¿Qué decimos...?** ¿De qué anuncio vienen los siguientes comentarios?, ¿del de "Doña Arepa" o de "Piel Perfecta"?

1. _____ Para evitar las quemaduras del sol.

2. _____ La mejor harina.

3. _____ Tienen un sabor incomparable.

4. _____ Para protegerte de los rayos dañinos del sol.

5. _____ ¡Compre lo mejor!

6. _____ Rellénelas con jamón.

7. _____ ¿Te pusiste loción protectora?

8. _____ La loción que más protección ofrece.

¡Enseguida! Tus profesores te dicen constantemente lo que tienes que hacer. ¿Qué te dicen?

1. escribir / composición _____

_____

2. poner / atención _____

_____

3. no comer / en clase _____

_____

4. llegar / a tiempo _____

_____

5. escuchar / bien _____

_____

6. usar / bolígrafo _____

_____

7. sacar / buenas notas _____

_____

8. no hablar / tanto _____

_____

9. recordar / fecha _____

_____

10. no salir / temprano _____

_____

Nombre _____

Fecha _____

¡DIME!
DOS

UNIDAD **3**
LECCIÓN **2**

¡A ESCRIBIR!

C   **¡Hermanita!** ¿Qué mandatos le das a tu hermanita?

MODELO

Haz tu cama.

1. _____

2. _____

3. _____

4. _____

5. _____

6. _____

Nombre _____

Fecha _____

¡DIME!
DOS

UNIDAD **3**
LECCIÓN **2**

¡A ESCRIBIR!

CH **¿Te ayudo?** Tu mamá siempre tiene mucho que hacer. Por eso, tú siempre le preguntas si puedes ayudarla. ¿Qué le preguntas y qué te contesta ella?

MODELO   *hacer las camas (sí)*
    TÚ: **¿Hago las camas?**
    MAMÁ: **Sí, hazlas, por favor.**

1. limpiar el patio (sí)

    TÚ: _____

    MAMÁ: _____

2. arreglar los muebles (no)

    TÚ: _____

    MAMÁ: _____

3. lavar los platos (sí)

    TÚ: _____

    MAMÁ: _____

4. sacar la basura (sí)

    TÚ: _____

    MAMÁ: _____

5. abrir las ventanas (no)

    TÚ: _____

    MAMÁ: _____

6. apagar las luces (sí)

    TÚ: _____

    MAMÁ: _____

7. preparar el almuerzo (sí)

    TÚ: _____

    MAMÁ: _____

8. desenchufar el televisor (no)

    TÚ: _____

    MAMÁ: _____

9. bañar el perro (no)

TÚ: _____

MAMÁ: _____

10. pasar la aspiradora (sí)

TÚ: _____

MAMÁ: _____

D **El trofeo.** Tu amigo Luis va a recibir un trofeo esta noche por ser el jugador más valioso del equipo. Está nervioso. ¿Qué consejos le das?

MODELO *ponerse / corbata*
Ponte una corbata.

1. llegar / a tiempo

_____

_____

2. no estar / nervioso

_____

_____

3. llevar / camisa blanca

_____

_____

4. ser / honesto

_____

_____

5. hablar / voz clara

_____

_____

6. darle las gracias / todos

_____

_____

Nombre _____

Fecha _____

¡DIME!
DOS

UNIDAD **3**
LECCIÓN **2**

¡A ESCRIBIR!

E   **¡Qué nervioso!** El entrenador del equipo tiene que presentarle el trofeo a tu amigo. Él también está nervioso. ¿Qué consejos le da el presidente del campeonato al entrenador? Usa mandatos formales.

MODELO   *darle las gracias / todos los jugadores*
Deles las gracias a todos los jugadores.

1. llevar / traje

_____

_____

2. no hablar / demasiado

_____

_____

3. no olvidar / trofeo

_____

_____

4. poner / trofeo sobre la mesa

_____

_____

5. llegar / temprano

_____

_____

6. no estar / nervioso

_____

_____

Vamos a la capital. Tu clase de historia va a hacer una excursión a la capital del estado. ¿Qué les dice la directora de la escuela a los estudiantes el día anterior a la excursión?

MODELO   *ser corteses*
        Sean corteses.

1. llegar temprano

   _____

   _____

2. no cantar en el autobús

   _____

   _____

3. llevar ropa apropiada

   _____

   _____

4. no olvidar sus cuadernos

   _____

   _____

5. traer dinero para el almuerzo

   _____

   _____

6. no hablar en voz alta

   _____

   _____

7. hacer buenas preguntas

   _____

   _____

8. dar las gracias

   _____

   _____

Nombre _____

Fecha _____

¡DIME!
DOS

UNIDAD **3**
LECCIÓN **2**

¡A ESCRIBIR!

G **Para mantenerse en forma.** La enfermera de la escuela está hablando en la clase de gimnasia. ¿Qué les dice a los alumnos?

MODELO

No coman comida con muchas calorías.

1. _____

_____

2. _____

_____

3. _____

_____

© D.C. Heath and Company

4.
_____

_____

5. _____

_____

6. _____

_____

7. _____

_____

Nombre _____

Fecha _____

¡DIME!
DOS

UNIDAD 3
LECCIÓN 2

VOCABULARIO PERSONAL

In this lesson you learned to give advice and to give orders. You have also learned the new vocabulary listed below as well as additional vocabulary. Write all the vocabulary you have learned already under each category and add any new vocabulary that you found particularly useful in this lesson.

Para dar consejos

_____   _____

_____   _____

_____   _____

_____   _____

_____   _____

Para dar mandatos

_____   _____

_____   _____

_____   _____

_____   _____

_____   _____

Arepas

harina _____   rellenar _____

incomparable _____   sabor _____

miguita _____   _____

_____   _____

_____   _____

Quemaduras del sol

dañino _____

evitar _____

loción protectora _____

piel *(f.)* _____

protección _____

proteger _____

quemado(a) _____

quemadura _____

rayo _____

El canal de TV

a continuación _____

apagar _____

cámara _____

desenchufar _____

informativo(a) _____

interrupción _____

noticiero _____

programación _____

serie *(f.)* _____

técnico(a) _____

Verbos

despedirse de _____

enseñar _____

permanecer _____

portarse _____

sustituir _____

Palabras y expresiones

abierto(a) _____

barato(a) _____

consejo _____

deshonesto(a) _____

por casualidad _____

¡Ven acá! _____

Nombre _____

Fecha _____

¡DIME!
DOS

UNIDAD **3**
LECCIÓN **3**

¡A ESCUCHAR!

A **De niño.** Miguel habla de sus actividades favoritas cuando era niño. Escucha e indica cuáles eran las actividades que le gustaba hacer. Escucha una vez más para verificar tus respuestas.

A	B	C	CH
___	___	___	___

D	E	F	G
___	___	___	___

H	I
___	___

Nombre _____

Fecha _____

¡DIME!
DOS

UNIDAD **3**
LECCIÓN **3**

¡A ESCUCHAR!

C **Todos los días.** Todo el mundo tiene una rutina diferente. ¿Qué hacen estas personas todos los días a las siete de la mañana? Escucha los comentarios y escribe el nombre de la persona debajo del dibujo correspondiente. Escucha una vez más para verificar tus respuestas.

A

_____

B

_____

C

_____

CH

_____

D

_____

E

_____

¡Qué rutina! Este profesor tenía una rutina muy poco común cuando estudiaba en la universidad. Escucha lo que dice e indica la hora de sus actividades diarias. Escucha una vez más para verificar tus respuestas.

MODELO　　　　　Escuchas: *Me despertaba todos los días al mediodía.*
　　　　　　　　　Escribes:　**12:00 pm**. al lado de **despertarse**

despertarse　　　　　　　　　　　　_____12:00 pm_____

levantarse　　　　　　　　　　　　_____

desayunar　　　　　　　　　　　　_____

afeitarse　　　　　　　　　　　　_____

vestirse　　　　　　　　　　　　_____

ir a la biblioteca a estudiar　　　_____

quitarse los zapatos　　　　　　　_____

ir al trabajo　　　　　　　　　　　_____

cenar　　　　　　　　　　　　　　_____

acostarse　　　　　　　　　　　　_____

Nombre _____

Fecha _____

¡DIME!
DOS

UNIDAD 3
LECCIÓN 3

¡A ESCUCHAR!

Estrategia para escuchar

Cómo predecir el contenido

D **Un nuevo champú.** Al escuchar el título de un programa o el tipo de producto que alguien quiere vendernos, nos formamos una idea de lo que nos van a decir. Mira la siguiente lista de palabras y selecciona las que esperas oír en un anuncio para un nuevo champú. Luego escucha el anuncio e indica cuáles de las siguientes palabras oyes. Escucha una vez más para verificar tus respuestas.

	Esperas oír	*Oyes*
contraste	_____	_____
cuesta	_____	_____
económico	_____	_____
emocionado	_____	_____
fiesta	_____	_____
hablen	_____	_____
hermoso	_____	_____
laven	_____	_____
limpio	_____	_____
mejor	_____	_____
pelo	_____	_____
popular	_____	_____
producto	_____	_____
vayan	_____	_____
viejo	_____	_____

Una historia

El chico que lo quería todo. Lee las oraciones que aparecen a continuación. Entonces escucha esta historia y selecciona la mejor respuesta. Escucha una vez más para verificar tus respuestas.

1. A Mauricio le gustaba...

   a. jugar con sus amigos

   b. ver televisión

   c. ir de compras

2. Los padres de Mauricio...

   a. tenían mucho dinero

   b. no compraban nada para su hijo

   c. querían mucho a su hijo

3. Un día Mauricio descubrió...

   a. muchas cosas en su cuarto

   b. una bicicleta en su armario

   c. mucho dinero en su cama

4. Después de un rato...

   a. la hermanita de Mauricio se puso contenta

   b. los padres de Mauricio tuvieron que trabajar más

   c. todos fueron al médico

5. Finalmente Mauricio decidió que quería...

   a. tener más cosas

   b. ser locutor de televisión

   c. volver a su vida de antes

6. Al final los padres de Mauricio...

   a. descubrieron que estaba soñando

   b. le compraron más cosas

   c. lo llevaron al médico

Nombre _____

Fecha _____

¡DIME!
DOS

UNIDAD 3
LECCIÓN 3

¡A ESCRIBIR!

A   **El cuento.** Usa las palabras que figuran a continuación para completar el resumen del cuento policíaco que escribió Luis.

papel	bolsa
sentó	parque
almuerzo	bancos
había	cajero
comía	hacía
dinero	guardaba

_____ una vez una viejita que _____ el

dinero en su colchón porque no confiaba en los _____ . Pero

un día, cuando _____ muy buen tiempo, decidió ir al banco a

depositar su _____ . Lo metió en una _____

de papel. De camino al banco, se _____ a comer en el

_____ . Mientras _____ tomaba el sol y

pensaba en su dinero. Al llegar al banco, saludó al cajero y le dio la bolsa

de _____ . El _____ abrió la bolsa y ¡no

encontró nada más que los restos del _____ de la viejita!

¡Qué sorpresa! ¿Qué hacía todo el mundo cuando tus abuelos le hicieron una visita por sorpresa?

MODELO   *Margarita / bañarse*
Margarita se bañaba.

1. tíos / mirar la tele

_____

_____

2. Julio y Carlos / jugar fútbol en el patio

_____

_____

3. yo / hablar por teléfono

_____

_____

4. el bebé / llorar incesantemente

_____

_____

5. papá y mamá / trabajar

_____

_____

6. mi hermano / lavar los platos

_____

_____

7. mi hermana / reparar su bicicleta

_____

_____

8. todos nosotros / estar ocupados

_____

_____

Nombre _____

Fecha _____

¡DIME!
DOS

UNIDAD **3**
LECCIÓN **3**

¡A ESCRIBIR!

C **Cuando tenía ocho años...** Ricardo tiene que describir lo que hacía
cuando tenía ocho años. Ayúdalo a completar su cuento con los verbos
apropiados.

1. ser
2. comer
3. pasear
4. ir
5. jugar
6. insistir

7. beber
8. ayudar
9. poner
10. lavar
11. ver
12. acostarse

Cuando tenía ocho años, (1) _____ muy flaquito. ¡Pero

(2) _____ todo el tiempo! (3) _____

en bicicleta todos los días. Mis amigos y yo (4) _____ al

parque los sábados y (5) _____ fútbol. Mi amigo

Gustavo siempre (6) _____ en comer helado después

del partido. Mis otros amigos (7) _____ limonada.

Yo siempre (8) _____ a mamá. (9) _____

la mesa y (10) _____ los platos. Por la noche yo

(11) _____ la tele por una hora y

(12) _____ a las nueve.

El álbum. Clara y su abuelo miran el álbum de fotos de la familia. ¿Qué le pregunta Clara a su abuelo y qué le contesta él?

MODELO

CLARA: ¿No tenía pelo Riqui? o ¿Bebía mucha leche?

ABUELO: No, no tenía pelo. o Sí, bebía mucho.

1. CLARA: _____

_____

ABUELO: _____

_____

2. CLARA: _____

_____

ABUELO: _____

_____

3. CLARA: _____

_____

ABUELO: _____

_____

Nombre _____

Fecha _____

UNIDAD **3**
LECCIÓN **3**

¡A ESCRIBIR!

4. CLARA: _____

_____

ABUELO: _____

_____

5. CLARA: _____

_____

ABUELO: _____

_____

6. CLARA: _____

_____

ABUELO: _____

_____

7. CLARA: _____

_____

ABUELO: _____

_____

© D.C. Heath and Company

Cuaderno de actividades 129

Rutina matutina. Pon en orden cronológico tus actividades de la mañana. El número de la primera ya está indicado. Luego escribe un párrafo en el que describas tu rutina matutina.

Por la mañana

_____ desayunar con mi familia

_____ ponerse las zapatillas y la bata

_____ lavarse la cara

_____ levantarse a las siete

_____ lavarse los dientes

___1___ despertarse a las seis y media

_____ ponerse unos jeans y una camiseta

_____ salir para la escuela a las ocho menos diez

_____

_____

_____

_____

_____

_____

_____

_____

_____

_____

_____

_____

Nombre _____

Fecha _____

¡DIME!
DOS

UNIDAD **3**
LECCIÓN **3**

¡A ESCRIBIR!

E **Rutina nocturna.** Pon en orden cronológico tus actividades de la noche. El número de la primera ya está indicado. Luego escribe un párrafo en el que describas tu rutina nocturna.

Por la noche

_____ bañarse

_____ quitarse la ropa

_____ cepillarse el pelo

_____ acostarse a las diez

_____ ponerse las piyamas

_____ ver la tele

_____ dormirse inmediatamente

_____ hacer la tarea

__1__ cenar con mi familia

_____ lavarse los dientes

_____

_____

_____

_____

_____

_____

_____

_____

_____

_____

_____

_____

_____

_____

Nombre _____

Fecha _____

¡DIME!
DOS

UNIDAD 3
LECCIÓN 3

VOCABULARIO PERSONAL

In this lesson you learned to describe daily routines and to narrate an incident in the past. You have also learned the new vocabulary listed below plus additional vocabulary. Write all the vocabulary you have learned already under each category and add any new vocabulary that you found particularly useful in this lesson.

Para hablar del pasado

_____   _____

_____   _____

_____   _____

_____   _____

_____   _____

_____   _____

Para describir tu rutina de la mañana

_____   _____

_____   _____

_____   _____

_____   _____

_____   _____

_____   _____

Para describir tu rutina de la noche

_____   _____

_____   _____

_____   _____

_____   _____

El cuento

acercarse (a) _____

agitado(a) _____

ahorrado(a) _____

caja _____

cajero(a) _____

colchón *(m.)* _____

con cuidado _____

confiar en _____

decisión *(f.)* _____

depositar _____

entregar _____

fortuna _____

guardar _____

meter _____

misterio _____

paciencia _____

restos _____

resolver _____

secreto(a) _____

seguro(a) _____

sorpresa _____

sugerencia _____

viejito(a) _____

Verbos

bailar _____

cepillarse _____

correr _____

salir _____

Palabras y expresiones

cronológico(a) _____

cuestionario _____

encuesta _____

orden _____

subtítulo _____

suceso _____

Nombre _____

Fecha _____

¡DIME! DOS

UNIDAD **3**
LECCIÓN **3**

CON LA PALABRA EN LA BOCA

LA INFLUENCIA DEL ÁRABE

A **Antes de empezar.** En inglés, como en todas las lenguas, hay muchas influencias de otros idiomas. Por ejemplo, ya conoces algunas influencias del español. ¿Cuántos ejemplos puedes dar de la influencia del español, del italiano, del alemán y del francés en el inglés? Ya aparece indicado un ejemplo de cada lengua.

1. Influencia del español en el inglés:

lasso _____ _____ _____

_____ _____ _____

_____ _____ _____

2. Influencia del italiano en el inglés:

piano _____ _____ _____

_____ _____ _____

_____ _____ _____

3. Influencia del alemán en el inglés:

sauerkraut _____ _____ _____

_____ _____ _____

_____ _____ _____

4. Influencia del francés en el inglés:

connoisseur _____ _____ _____

_____ _____ _____

_____ _____ _____

B **Lectura.** Ahora lee el siguiente texto sobre la influencia del árabe en el español.

LA INFLUENCIA DEL ÁRABE

En el año 711 d.C. los moros del norte de África invadieron España. En poco tiempo conquistaron la mayor parte de la península ibérica, ocupándola por casi ochocientos años. Durante ese tiempo la cultura árabe influyó muchísimo en la cultura de los habitantes de la península. Todavía se ve por toda España la influencia árabe en la arquitectura, la comida, la música, la agricultura y en particular, en el idioma español. No nos sorprende, entonces, que aún un héroe nacional de la literatura épica de España lleve un título de origen árabe: El Cid. Es totalmente natural que el árabe, la lengua de los conquistadores, influyera en la lengua de los conquistados después de casi ochocientos años de coexistencia. La influencia de la lengua árabe abarca todos los aspectos principales de la cultura española de la época: el gobierno, la cocina, la arquitectura, las ciencias, la agricultura, la literatura y la vida diaria.

Muchas palabras españolas que empiezan con **al** son palabras que vienen de origen árabe: alcalde, almacén, almohada. También hay muchas palabras de agricultura de origen árabe: alberca, noria, aceite, alcachofa, sandía.

C **Verifiquemos.** A continuación hay dos listas. La primera contiene palabras árabes; la segunda, las palabras equivalentes en español. Pon la letra de cada palabra en español al lado de la palabra árabe correspondiente.

En árabe	En español
_____ 1. al cotón	**a.** albaricoque
_____ 2. alquiré	**b.** almanaque
_____ 3. alquifol	**c.** almacén
_____ 4. al gobbah	**ch.** alfombra
_____ 5. lazurd	**d.** naranja
_____ 6. al barcoque	**e.** algodón
_____ 7. naranch	**f.** ojalá
_____ 8. al jebre	**g.** alcoba
_____ 9. almajzen	**h.** alcohol
_____ 10. aljomra	**i.** álgebra
_____ 11. ua xa Alah	**j.** azul
_____ 12. almanaj	**k.** alquiler

Nombre _____

Fecha _____

¡DIME!
DOS

UNIDAD 4
LECCIÓN 1

¡A ESCUCHAR!

A **¿Qué hacías?** Estás entrevistando a un señor de tu pueblo para saber cómo eran las cosas en años pasados. Vas a tomar notas para escribir una composición sobre su juventud. Escucha lo que dice el anciano y escribe las actividades en el lugar apropiado. Escucha una vez más para verificar tus respuestas.

MODELO Escuchas: *En la escuela primaria jugaba mucho con mis amiguitos.*

Escribes: **jugar con amiguitos**

1. Escuela primaria
jugar con amiguitos
_____
_____
_____
_____
_____

2. Escuela secundaria
_____
_____
_____
_____
_____

3. Universidad
_____
_____
_____
_____
_____

Quehaceres. La señora Salinas y sus hermanos tenían ciertos quehaceres cada fin de semana cuando eran jóvenes. ¿En qué orden los hacían? Escribe el número de cada actividad en el espacio en blanco. Escucha una vez más para verificar tus respuestas.

A

_____

D

_____

B

_____

E

_____

C

_____

F

_____

CH

_____

G

_____

© D.C. Heath and Company

Nombre _____

Fecha _____

¡DIME!
DOS

UNIDAD **4**
LECCIÓN **1**

¡A ESCUCHAR!

C   **De El Salvador.** Gabriel acaba de mudarse de El Salvador y está hablando de su vida en ese país. ¿Cuáles de estas actividades hacía? Escucha una vez más para verificar tus respuestas.

_____ almorzar tarde

_____ bailar en la discoteca

_____ cenar a las nueve

_____ dormir hasta tarde los sábados

_____ ir al cine

_____ jugar fútbol

_____ llevar uniforme

_____ pasear por la plaza

_____ salir con la novia

_____ salir en grupos

_____ tomar muchas clases

_____ tomar refrescos

CH   **¿Cuánto tiempo hace?** Los violinistas de la orquesta sinfónica empezaron a tocar el violín a diferentes edades. ¿Cuánto tiempo hace que cada uno empezó a tocar el violín? Escucha una vez más para verificar tus respuestas.

Miguel: hace _____ años

Margarita: hace _____ años

Francisco: hace _____ años

Carolina: hace _____ años

Paulina: hace _____ años

D **Así era.** La mamá de Celia y Carlitos está hablando de su vida de niña y de joven. Escucha lo que dice e indica si hacía las cosas mencionadas cuando estaba en la escuela **primaria** o en la escuela **secundaria.** Escucha una vez más para verificar tus respuestas.

	Primaria	*Secundaria*
caminar a la escuela	☐	☐
tomar el autobús	☐	☐
jugar béisbol	☐	☐
participar en el club de arte	☐	☐
tomar clases de baile	☐	☐
aprender karate	☐	☐
ir al cine	☐	☐
ir al parque	☐	☐
hacer la tarea por la tarde	☐	☐

A **¿Qué decimos?** Numera en orden cronológico las siguientes oraciones y así podrás contar lo que pasó en la fotonovela de esta lección. Luego escríbelas nuevamente en un párrafo.

1. Hace muchísimos años que papá la construyó. _____

2. Está lleno de cosas del pasado —de cuando Meche y Diana eran pequeñas, de cuando su papá era un niño y hasta de cuando la abuela era joven. _____

3. La cajita de abuelita es muy vieja. _____

4. El armario está muy desorganizado. _____

5. Hay una especie de jaula. _____

6. Meche y Diana siempre jugaban el juego de damas cuando llovía. _____

7. Hace años que nadie lo arregla. _____

8. En ella guardaba sus tesoros más queridos —sus zarcillos, sus pulseras, sus collares y la primera carta que le escribió el abuelo. _____

9. El osito de peluche era el juguete favorito de Meche. _____

_____

_____

_____

_____

_____

_____

_____

_____

_____

_____

_____

© D.C. Heath and Company

Durante el verano. ¿Adónde iban las siguientes personas y qué veían todos los miércoles del verano?

MODELO   *Mateo / parque / árboles*
   Mateo iba al parque y veía los árboles.

1. Isabel y Chavela / parque de diversiones / juegos mecánicos

_____

_____

_____

2. nosotros / museo / estatuas

_____

_____

_____

3. Ricardo / cine / película nueva

_____

_____

_____

4. yo / casa de Teresa / telenovela

_____

_____

_____

5. los hermanos Ordóñez / zoológico / animales

_____

_____

_____

6. tú / centro comercial / ropa en oferta

_____

_____

_____

Nombre _____

Fecha _____

UNIDAD 4
LECCIÓN 1

¡DIME!
DOS

¡A ESCRIBIR!

C **Quehaceres.** Indica los quehaceres que hacían las siguientes personas.

MODELO

Paco
Paco pasaba un trapo.

1. Serafina

_____

_____

2. Mis papás

_____

_____

3. Tú

_____

_____

4. Carmen y yo

_____

_____

5. Abuelita

_____

_____

6. Toño y Lorenzo

_____

_____

7. Yo

_____

_____

8. Carlos

_____

_____

9. Tus hermanos

_____

_____

10. Tú

_____

_____

Nombre _____

Fecha _____

¡DIME!
DOS

UNIDAD 4
LECCIÓN 1

¡A ESCRIBIR!

CH **¿Cuándo?** ¿A qué edad las siguientes personas hacían las actividades indicadas?

MODELO *Cecilia: 5 años / llorar mucho*
Cuando tenía cinco años, Cecilia lloraba mucho.

1. *mamá:* 15 años / jugar las damas

_____

_____

_____

2. *César y Cecilia:* 8 años / pasear en bicicleta

_____

_____

_____

3. *yo:* 10 años / bailar mucho

_____

_____

_____

4. *papá:* 9 años / cortar el césped

_____

_____

_____

5. *tú:* 14 años / leer mucho

_____

_____

_____

6. *César y yo:* 3 años / jugar con el perro

_____

_____

_____

La hora exacta. La policía necesita saber la hora exacta en que tu amigo Manolo hizo lo siguiente. ¿Qué le dices?

MODELO

lavar el coche
Eran las ocho cuando Manolo lavó el coche. o
Cuando Manolo lavó el coche, eran las ocho.

1. cortar el césped

_____

_____

_____

2. almorzar

_____

_____

_____

3. ir al cine

_____

_____

_____

4. preparar la comida

_____

_____

_____

5. sacar la basura

_____

_____

_____

6. acostarse

_____

_____

_____

E **¡Qué talento!** Los estudiantes y profesores de la escuela tienen mucho talento. ¿Cuánto tiempo hace que hicieron lo siguiente?

MODELO *Lorena:*   *2 años / cantar ópera*
Hace dos años que Lorena cantó ópera.

1. *el profesor de inglés:*   8 años / bailar profesionalmente

   _____

   _____

2. *la directora:*   5 años / escribir una novela romántica

   _____

   _____

3. *las hermanas Flores:*   tres años / aprender ruso

   _____

   _____

4. *yo:*   7 años / dar un concierto de violín

   _____

   _____

5. *nosotros:*   3 meses / cantar en portugués

   _____

   _____

6. *David y Tina:*   4 años / jugar tenis

   _____

   _____

7. *tú:*   1 año / correr 10 millas.

   _____

   _____

8. *Marta:*   2 meses / esquiar en una competencia

   _____

   _____

© D.C. Heath and Company

Nombre _____

Fecha _____

¡DIME!
DOS

UNIDAD 4
LECCIÓN 1

¡A ESCRIBIR!

F   **Tu niñez.** Escribe uno o dos párrafos en los que describas cómo eras y qué hacías cuando estabas en el tercer grado.

_____

_____

_____

_____

_____

_____

_____

_____

_____

_____

_____

_____

_____

_____

_____

_____

_____

_____

_____

_____

_____

_____

Nombre _____

Fecha _____

¡DIME!
DOS

UNIDAD 4
LECCIÓN 1

VOCABULARIO PERSONAL

In this lesson you learned to talk about what you used to do, tell what chores you did, describe your childhood, and tell what happened some time ago. You have also learned the new vocabulary listed below plus additional vocabulary. Write all the vocabulary you have learned already under each category and add any new vocabulary that you found particularly useful in this lesson.

Para describir lo que hacías

_____   _____

_____   _____

_____   _____

_____   _____

_____   _____

_____   _____

Para hablar de tu niñez

_____   _____

_____   _____

_____   _____

_____   _____

_____   _____

Para hablar de lo que pasó hace tiempo

_____   _____

_____   _____

_____   _____

_____   _____

_____   _____

Quehaceres

barrer el patio

cortar el césped

hacer la cama

lavar el carro

limpieza

pasar la aspiradora

pasar un trapo

planchar la ropa

sacar la basura

Tesoros

álbum

cajita

fotografía

jaula

zarcillo

Para jugar

juego de damas

juguete

osito de peluche

Verbos

acordarse de

comportarse

ir

observar

reír(se)

separarse

ser

sonreír

ver

Palabras y expresiones

arriba

cuando

detalle *(m.)*

especie *(f.)*

frecuencia

niñez *(f.)*

pasado

trágico(a)

Nombre _____

Fecha _____

¡DIME!
DOS

UNIDAD 4
LECCIÓN 2

¡A ESCUCHAR!

A **Un día típico.** Mario Ojeda trabajaba de día mientras que su esposa Alicia trabajaba de noche. ¿Cómo fueron sus horarios ayer? Indica qué cosas hacían simultáneamente. Escucha una vez más para verificar tus respuestas.

MODELO Escuchas: *Mario se levantaba mientras Alicia volvía a casa.*
Marcas: **X** en la intersección de **levantarse** con **volver a casa**.

Alicia ➡ Mario ⬇	acostarse	cenar	vestirse	salir para el trabajo	ver televisión	volver a casa
acostarse						
bañarse						
almorzar						
desayunar						
levantarse						X
trabajar						
volver a casa						

¡Cataplum! Hubo una explosión ayer. Afortunadamente, nadie sufrió heridas. Escucha mientras Luz describe lo que hacían varias personas, y luego escribe el nombre de la persona debajo del dibujo correspondiente. Escucha una vez más para verificar tus respuestas.

Nombre _____

Fecha _____

¡DIME!
DOS

UNIDAD **4**
LECCIÓN **2**

¡A ESCUCHAR!

C **Una noche interesante.** Anoche Rodolfo tuvo una experiencia interesante. Escucha lo que pasó e indica la secuencia de las escenas, escribiendo números del 1 al 6 debajo de los dibujos correspondientes. Escucha una vez más para verificar tus respuestas.

_____

_____

_____

_____

_____

_____

Perú. Lee las siguientes preguntas. Luego escucha este informe sobre Perú e indica el orden en que se contestan las preguntas. Escucha una vez más para verificar tus respuestas.

_____ ¿Cómo es el clima?

_____ ¿Cómo se llama la moneda nacional?

_____ ¿Cuál es el pico más alto de Perú?

_____ ¿Cuál es la capital?

_____ ¿Cuándo llegaron los españoles a Perú?

_____ ¿Cuándo se fundó el imperio incaico?

_____ ¿Cuántas regiones geográficas hay en Perú?

_____ ¿Cuántos habitantes tiene el país?

_____ ¿Dónde queda la capital?

_____ ¿Quién fundó la primera ciudad española?

_____ ¿Quiénes vivían en Perú antes de llegar los españoles?

D **Para el periódico.** Diana entrevista al nuevo profesor, el señor Valadez, para el periódico de la escuela. Primero lee las preguntas y posibles respuestas. Luego escucha la entrevista y selecciona la mejor respuesta. Escucha una vez más para verificar tus respuestas.

1. ¿Cuántos años hace que el nuevo profesor enseña español?

   a. 5

   b. 6

   c. 7

2. ¿Dónde trabajaba antes?

   a. en un centro comercial

   b. en la universidad

   c. en un banco

3. ¿Por qué volvió a la universidad?

   a. para enseñar

   b. para estudiar inglés

   c. para conseguir otro título

4. ¿Qué hacía cuando era estudiante universitario?

   a. salía con sus amigos

   b. jugaba fútbol

   c. trabajaba en la biblioteca

5. ¿Cómo era el equipo de atletismo de la universidad?

   a. siempre perdía

   b. siempre ganaba

   c. siempre empataba

6. ¿Cuáles eran sus clases favoritas?

   a. las de inglés

   b. las de matemáticas

   c. las de español

Nombre _____

Fecha _____

¡DIME!
DOS

UNIDAD 4
LECCIÓN 2

¡A ESCRIBIR!

A **¿Qué decimos...?** El párrafo que figura a continuación es un resumen del cuento de Miguelín en la fotonovela de esta lección. Complétalo llenando los espacios en blanco con las palabras correspondientes.

daba de comer	perrito
vecino	nombre
premio	ratoncito
vacía	lloró
jaula	diez
partes	abuelo

Un _____ le regaló un ratoncito al papá de Meche y

Diana cuando él tenía _____ años. Él llevó al

_____ a casa y junto con su papá, el

_____ de las muchachas, le construyeron una

_____. Le dio el _____ de Miguelín.

Todos los días le _____ y de beber. Un día

vio que la jaula estaba _____. Buscó a Miguelín por todas

_____ pero no lo encontró. Se puso tan triste que

_____ varios días. Escribió un cuento sobre Miguelín y se

ganó un _____. Con el dinero del premio se compró un

_____.

A las cuatro y media... ¿Qué hacían tú, tus amigos y tus profesores generalmente después de las clases?

MODELO   **Tú estudiabas con María.**

el (la) profesor(a) [...]
el (la) director(a) del colegio
yo
mi amigo(a)
mi amigo(a) [...] y yo
tú
mis amigos [...] y [...]

estudiar
jugar
tocar
ver
ir
hablar
comer
beber
escuchar

1. _____

_____

2. _____

_____

3. _____

_____

4. _____

_____

5. _____

_____

6. _____

_____

7. _____

_____

Nombre _____

Fecha _____

¡DIME! DOS

UNIDAD **4**
LECCIÓN **2**

¡A ESCRIBIR!

C **Lluvia.** El sábado llovió muchísimo. ¿Qué hacían las siguientes personas cuando empezó a llover?

MODELO

Dora y Silvia

Dora y Silvia jugaban tenis cuando empezó a llover.

Eliseo

1. _____

_____

_____

papá y Ana

2. _____

_____

_____

tú

3. _____

_____

_____

Consuelo

4. _____

   _____

   _____

yo

5. _____

   _____

   _____

Toño
y
yo

6. _____

   _____

   _____

Sergio
y
Clemente

7. _____

   _____

   _____

Sarita

8. _____

   _____

   _____

Nombre _____

Fecha _____

¡DIME!
DOS

UNIDAD 4
LECCIÓN 2

¡A ESCRIBIR!

CH **"El hombre de La Mancha"**. Todos los años las clases de Español 2 preparaban una presentación dramática en la que todos los estudiantes tenían que participar. ¿Qué hacían tú y tus compañeros de clase para prepararse para la presentación de "El hombre de La Mancha"?

MODELO   *Roberto: preparar el programa*
             tú: seleccionar la música

Roberto preparaba el programa mientras tú seleccionabas la música.

1. *Consuelo:* tocar la guitarra

   Ricardo y Beto: cantar

   _____

   _____

2. *los chicos*: arreglar las sillas

   nosotros: decorar el auditorio

   _____

   _____

3. *yo:* tocar el piano

   Carolina: bailar

   _____

   _____

4. *las profesoras:* preparar la limonada

   tú: servir el pastel

   _____

   _____

5. *la directora:* hablar con todos

   nosotros: divertirse mucho

   _____

   _____

D **¡No pude estudiar!** ¿Hay días que quieres estudiar pero no puedes? Completa este cuento con el pretérito de los verbos que aparecen en paréntesis para saber por qué Pablo no pudo estudiar.

Ayer, Pablo _____ (empezar) a estudiar a las

cuatro de la tarde. No había estudiado más de diez minutos cuando

_____ (sonar) el teléfono. Pablo lo

_____ (contestar) pero nadie le respondió. Él

_____ (volver) a sus estudios pero su hermanito

accidentalmente _____ (desenchufar) la

lámpara. Luego su abuela _____ (decidir) pasar la

aspiradora, su hermanito _____ (comenzar) a

llorar y la vecina _____ (llamar) a la puerta. Con todo eso,

a Pablo le _____ (dar) un tremendo dolor de cabeza y no

_____ (poder) estudiar más. ¡Qué lástima!, ¿no?

E **¡Yo tampoco pude!** Describe un día típico en el que, como Pablo, tú tampoco pudiste estudiar.

_____

_____

_____

_____

_____

_____

_____

_____

_____

_____

_____

_____

_____

In this lesson you have further developed your ability to talk about the past, ask and answer questions about the past, and describe past events. You have also learned the new vocabulary listed below as well as additional vocabulary. Write all the vocabulary you have learned already under each category and add any new vocabulary that you found particularly useful in this lesson.

Para hablar del pasado

_____   _____
_____   _____
_____   _____
_____   _____
_____   _____

Para hacer y contestar preguntas sobre el pasado

_____   _____
_____   _____
_____   _____
_____   _____
_____   _____

Para describir eventos del pasado

_____   _____
_____   _____
_____   _____
_____   _____
_____   _____
_____   _____

En la casa

apagar la luz _____

dar de comer _____

gabinete *(m.)* _____

sonar el teléfono _____

_____

Verbos

acostumbrarse _____

asustarse _____

convencer _____

morir (ue, u) _____

regalar _____

supervisar _____

Palabras y expresiones

concurso _____

en efecto _____

literario(a) _____

paja _____

premio _____

ratoncito _____

suave _____

Nombre _____

Fecha _____

UNIDAD 4
LECCIÓN 3

¡DIME!
DOS

¡A ESCUCHAR!

A **Una tarde.** Los padres de la familia Moreno pasaron la tarde fuera de la casa. Durante su ausencia, los hijos tuvieron una fiesta. ¿Cómo le describe mamá la sala a su amiga? Escucha lo que dice y dibuja la escena que encontraron los padres. Escucha una vez más para verificar tu dibujo. Reúnete en grupo y verifica tu dibujo junto con tus compañeros.

B **Ayer.** Alberto tuvo un día muy extraño ayer. Escucha cómo describe sus reacciones e indica la secuencia de sus emociones escribiendo los números del 1 al 6 debajo de los dibujos correspondientes. Escucha una vez más para verificar tus respuestas.

_____ _____ _____

_____ _____ _____

Arepas. Escucha este cuento venezolano e indica la secuencia cronológica de las escenas escribiendo números del 1 al 6 debajo de los dibujos correspondientes. Escucha una vez más para verificar tus respuestas.

_____

_____

_____

_____

_____

_____

Actriz. Un locutor de radio está entrevistando a una actriz. Lee las siguientes oraciones. Luego escucha la entrevista e indica si las oraciones son **Ciertas (C)** o **Falsas (F).** Escucha una vez más para verificar tus respuestas.

C   F   **1.** La actriz viene de una familia famosa.

C   F   **2.** Tenían tanto dinero que no tenían que trabajar.

C   F   **3.** El hermano de la actriz no se graduó del colegio.

C   F   **4.** La actriz no se graduó del colegio.

C   F   **5.** Cuando era niña, tenía interés en ser actriz.

C   F   **6.** La actriz participaba en dramas en su colegio.

C   F   **7.** Trabajó varios años antes de recibir un contrato

profesional.

C   F   **8.** Es actriz en telenovelas.

Nombre _____

Fecha _____

¡DIME!
DOS

UNIDAD **4**
LECCIÓN **3**

¡A ESCUCHAR!

Estrategia para escuchar

Cómo captar la idea principal

D **Perú.** Al escuchar el material informativo, es importante captar la idea principal de cada párrafo.

Estudia la siguiente lista de ideas principales. Luego escucha el informe e indica la secuencia en que se presentan las ideas, escribiendo los números del 1 al 5 en el espacio en blanco al lado de cada idea mencionada. (¡ATENCIÓN! hay dos ideas que no se incluyen.) Escucha una vez más para verificar tus respuestas.

El gobierno peruano consiste de tres ramas
　　　principales.   _____

El gobierno peruano mantiene un sistema
　　　educativo de la primaria a la universidad.   _____

Por ser uno de los países más pobres de
　　　Latinoamérica, hay graves problemas de salud
　　　y de servicios sociales.   _____

La economía de Perú no está en buenas
　　　condiciones.   _____

Los peruanos son de varias razas.   _____

Los quechuas son un pueblo muy tradicional.   _____

Los quechuas y los aymarás formaban parte del
　　　imperio incaico.   _____

Escuchemos un cuento

E **La ratoncita Minerva.** Lee las oraciones que aparecen a continuación. Luego escucha esta historia de Minerva y selecciona la mejor respuesta. Escucha una vez más para verificar tus respuestas.

1. La familia de Minerva buscaba comida en...

   a. la tienda

   b. la casa

   c. el campo

2. Minerva...

   a. jugaba todos los días

   b. trabajaba con la familia

   c. se quedaba en casa

3. El primo que los visitó vivía en...

   a. el campo con ellos

   b. otro pueblo del campo

   c. la ciudad

4. La familia de Minerva decidió...

   a. invitar al primo a vivir con ellos

   b. mudarse a otra parte

   c. abrir un café

5. A Minerva le encantan...

   a. los cafés

   b. las migajas

   c. los árboles

6. Minerva conoció a...

   a. un ratón joven

   b. una ratoncita

   c. un ratón viejo

Nombre _____

Fecha _____

¡DIME!
DOS

UNIDAD 4
LECCIÓN 3

¡A ESCRIBIR!

A **Miguelín.** Subraya la palabra o la frase que mejor complete los siguientes comentarios sobre el ratoncito Miguelín.

1. Miguelín era un ratoncito muy (tímido / aventurero).

2. Vivía en una (jaula / casa) muy cómoda.

3. Se fue a la calle donde encontró a un ratón (anciano y sabio / joven y asustado).

4. Miguelín llegó (al pueblo / a la ciudad) de Caracas.

5. Se quedó (asombrado / aburrido).

6. Andaba con mucho cuidado porque había (muchísimos animales / muchísimo tráfico).

7. Decidió que (le gustaba mucho / no le gustaba) la ciudad.

8. Empezó a sentirse (desesperado / alegre).

9. Entonces conoció a una ratoncita que (lloraba / reía).

10. Miguelín y Minerva regresaron al campo y vivieron muy (felices / asustados).

¿Dónde estaban? Hubo una reunión del Club de Español ayer por la tarde pero nadie asistió. ¿Por qué? ¿Dónde estaban todos y qué estaban haciendo?

MODELO   **Lorenzo comía en el café.**

1. _____

2. _____

3. _____

4. _____

5. _____

6. _____

7. _____

8. _____

Nombre _____

Fecha _____

¡DIME!
DOS

UNIDAD 4
LECCIÓN 3

¡A ESCRIBIR!

C **A las 7:30.** ¿Qué estaban haciendo estas personas anoche a las 7:30?

MODELO *Sebastián / cuidar a unos niños*
     Sebastián cuidaba a unos niños.

1. yo / preparar la comida

   _____

   _____

2. Lucía / escribirles a sus abuelos

   _____

   _____

3. Salvador y Carlos / jugar con sus juegos de video

   _____

   _____

4. tú / ver una película de ciencia ficción

   _____

   _____

5. Carmen / lavarse el pelo

   _____

   _____

6. nosotros / hacer la tarea

   _____

   _____

¡Qué viento! Describe lo que las siguientes personas hacían en el campamento la semana pasada poco antes de empezar a hacer un viento fuerte.

1. _____

2. _____

3. _____

4. _____

5. _____

6. _____

7. _____

Nombre _____

Fecha _____

¡DIME!
DOS

UNIDAD **4**
LECCIÓN **3**

¡A ESCRIBIR!

D **¡Accidente!** Completa el siguiente cuento con la forma correspondiente del verbo que aparece entre paréntesis para saber lo que pasó el sábado pasado por la mañana.

Un sábado típico

_____ (Ser) un sábado típico de abril. Por la mañana

mi familia y yo _____ (trabajar) enfrente de

la casa. Mi hermano _____ (cortar) el césped

mientras mi papá y yo _____ (plantar) unas flores.

Mi perro Capitán _____ (dormir) al sol, como

siempre.

De repente todos _____ (oír) un ruido muy fuerte.

Un carro azul _____ (chocar) contra el carro de un

vecino. Inmediatamente _____ (llegar) la policía. El

chofer del carro azul _____ (salir) de su carro y

_____ (empezar) a correr. Todos vimos que

_____ (correr) hacia nuestra casa. Capitán

_____ (ladrar) constantemente. Cuando el

señor _____ (pasar) cerca de Capitán, éste

_____ (saltar) frente a él y el hombre

_____ (caerse) al piso. La policía lo

_____ (capturar) en seguida y se lo

_____ (llevar). Gracias a Dios, mi vecino no

_____ (lastimarse). ¿Y qué le pasó a Capitán?

Él _____ (regresar) a su lugar bajo el sol y

_____ (dormirse) inmediatamente.

Un incidente interesante. En uno o dos párrafos, describe un incidente interesante de tu vida. Presta mucha atención al uso del pretérito y del imperfecto.

_____

_____

_____

_____

_____

_____

_____

_____

_____

_____

_____

_____

_____

_____

_____

_____

_____

_____

_____

_____

_____

_____

Nombre _____

Fecha _____

¡DIME!
DOS

UNIDAD 4
LECCIÓN 3

VOCABULARIO PERSONAL

In this lesson you have learned to narrate and describe in the past, and to talk about emotional states in the past. You have also learned the new vocabulary listed below as well as additional vocabulary. Write all the vocabulary you have learned already under each category and add any new vocabulary that you found particularly useful in this lesson.

Para describir el pasado

_____   _____

_____   _____

_____   _____

_____   _____

_____   _____

_____   _____

Para hablar de estados emocionales del pasado

_____   _____

_____   _____

_____   _____

_____   _____

_____   _____

_____   _____

Para narrar un incidente del pasado

_____   _____

_____   _____

_____   _____

_____   _____

_____   _____

Descripciones

anciano(a) _____

asombrado(a) _____

asustado(a) _____

_____

_____

_____

desesperado(a) _____

sabio(a) _____

_____

_____

_____

Sustantivos

campo _____

cochino(a) _____

edificio _____

hocico _____

_____

_____

migaja _____

orilla _____

voz *(f.)* _____

_____

_____

Verbos

atrapar _____

corregir _____

_____

_____

_____

criar _____

esconderse _____

_____

_____

_____

Nombre _____

Fecha _____

¡DIME!
DOS

UNIDAD 4
LECCIÓN 3

CON LA PALABRA EN LA BOCA

LA INFLUENCIA AMERICANA

A Muchas palabras en la lengua española se originaron en las Américas. Generalmente son palabras que se refieren a algo nuevo que los españoles encontraron en el Nuevo Mundo que no existía en Europa. ¿Cuáles de estas palabras crees que son de origen americano?

MODELO ☒ *tapioca*

Tapioca es una planta que los europeos no conocían.

☐ hijo	☐ tapioca	☐ dios	☐ huracán
☐ chicle	☐ amor	☐ patata	☐ puma
☐ puerta	☐ rosa	☐ agua	☐ cielo
☐ tiburón	☐ tabaco	☐ maíz	☐ iguana
☐ cacao	☐ magüey	☐ madre	☐ amigo

B **Lectura.** Lee el siguiente texto sobre la influencia de los indios americanos en el idioma español.

Contribución de los indios de América	Nombres de plantas y frutas	Nombres de animales y peces
Los indios de América contribuyeron mucho al idioma español. Cuando los españoles llegaron al Nuevo Mundo, encontraron muchas plantas y animales que no existían ni en Europa ni en el mundo que los europeos conocían. Entre ellas están las que figuran a continuación. A veces existen varios nombres para una misma planta o animal debido a que había diferentes lenguas indígenas en América. Claro está, todos los nombres de las comidas derivadas de estas plantas o animales terminan siendo contribuciones americanas al léxico español.	cacahuate/maní camote chile/ají chocolate guayaba magüey maíz/choclo mango papa/patata papaya piña/ananá	alpaca anaconda caimán cóndor iguana llama pavo/guajolote piraña/caribe puma tucán tiburón

Verifiquemos. Identifica todas las palabras en las listas de la lectura que no sólo pasaron al español, sino también al inglés. Escríbelas en inglés. Tal vez quieras buscarlas en un diccionario de inglés para verificar si existen.

_____ _____ _____

_____ _____ _____

_____ _____ _____

_____ _____ _____

_____ _____ _____

Nombre _____

Fecha _____

¡DIME!
DOS

UNIDAD **5**
LECCIÓN **1**

¡A ESCUCHAR!

A **De vacaciones.** Elena se va de vacaciones la semana que viene. Escucha lo que dice e indica cuáles de las siguientes cosas menciona. Escucha una vez más para verificar tus respuestas.

_____

_____

_____

_____

_____

_____

_____

B **Una cita.** Esta noche Valentín tiene una cita con una chica que no conoce. Escucha lo que dice y, en el lugar apropiado, escribe sus planes y deseos. Escucha una vez más para verificar tus respuestas.

MODELO   Escuchas: *Ojalá que sea guapa.*
   Escribes: **guapa** debajo de **APARIENCIA FÍSICA**

APARIENCIA FÍSICA

guapa

_____

_____

_____

_____

PERSONALIDAD

_____

_____

_____

_____

REGALOS PARA ELLA

_____

_____

_____

_____

ACTIVIDADES

_____

_____

_____

_____

Nombre _____

Fecha _____

¡DIME!
DOS

UNIDAD 5
LECCIÓN 1

¡A ESCUCHAR!

C **Problemas.** Primero lee la lista de consejos que aparece a continuación. Luego escucha los problemas de algunas personas e indica el mejor consejo para cada una, escribiendo los números del 1 al 6 en los espacios en blanco. Escucha una vez más para verificar tus respuestas.

_____ Es importante que participes en más actividades sociales y que salgas más frecuentemente.

_____ Es malo que comas chocolates y postres.

_____ Es recomendable que estudies mucho y que te prepares bien.

_____ Es mejor que descanses bien de noche y que te acuestes más temprano.

_____ Es importante que comas bastante y frecuentemente.

_____ Es mejor que vayas al médico una vez al año.

_____ Es necesario que te levantes más temprano y que te arregles rápidamente.

CH **Debate.** Tres candidatos para presidente están explicando su plataforma. Escucha sus comentarios e indica cuáles de estos temas mencionan. Escucha una vez más para verificar tus respuestas.

_____ el crimen

_____ el medio ambiente

_____ la salud

_____ las drogas

_____ la familia

_____ las relaciones internacionales

_____ la economía

_____ el trabajo

D **Doctor del aire.** El doctor Curatodos da consejos médicos en la radio. Lee las siguientes oraciones. Luego escucha su programa e indica si las oraciones son **Ciertas (C)** o **Falsas (F)**. Escucha una vez más para verificar tus respuestas.

C F **1.** Al señor que llama al doctor Curatodos le duele la cabeza.

C F **2.** Según el doctor, el problema del señor es muy común.

C F **3.** Es importante que el señor descanse.

C F **4.** Es malo que el señor tome aspirinas.

C F **5.** La joven juega mucho tenis.

C F **6.** Ella quiere jugar en el campeonato.

C F **7.** Según el médico, es necesario que la joven tome aspirinas.

C F **8.** No es recomendable que guarde cama.

C F **9.** Debe empezar a hacer ejercicio inmediatamente.

C F **10.** A la joven le gusta mucho el programa del doctor.

Nombre _____

Fecha _____

¡DIME!
DOS

UNIDAD 5
LECCIÓN 1

¡A ESCRIBIR!

A **¿Qué decimos...?** Luis y Meche tienen los siguientes problemas pero no saben por qué. ¿Puedes identificar cuál de los dos hace cada comentario? Puedes basarte en la información contenida en la fotonovela y/o el video de esta lección.

Meche	Luis

1. _____   No me gusta saltar tanto.

2. _____   Debo tener más cuidado.

3. _____   Es probable que el ejercicio me ayude a

   dormir mejor de noche.

4. _____   Hasta me dormí en clase hoy.

5. _____   Busco un refresco.

6. _____   No tengo energía para nada.

7. _____   Estoy demasiado cansada.

8. _____   Voy a ponerme a dieta.

Reacciones. Tú y tus amigos están hablando de lo que desean en el futuro. ¿Qué deseos tienen?

MODELO   *yo: vivir en Sevilla*
          Ojalá que yo viva en Sevilla.

1. *nosotros:* trabajar para una compañía internacional

_____

_____

2. *Alicia:* sacar una "A" en álgebra

_____

_____

3. *ustedes:* viajar a Argentina

_____

_____

4. *yo:* jugar bien en el campeonato

_____

_____

5. *tú:* salir bien en los exámenes

_____

_____

6. *los chicos:* no tener que trabajar este verano

_____

_____

7. *mi amigo:* conocer a algunas personas famosas

_____

_____

8. *yo:* tener buena suerte

_____

_____

9. *nosotros:* ser aceptado en la universidad

_____

_____

10. *tú:* ganar el trofeo

_____

_____

Nombre _____

Fecha _____

¡DIME!
DOS

UNIDAD 5
LECCIÓN 1

¡A ESCRIBIR!

C **El futuro.** En el carnaval del colegio, un profesor hizo el papel de un adivino (persona que predice el futuro). ¿Cómo reaccionaron tú y tus amigos cuando el adivino hizo las siguientes predicciones?

MODELO   Van a participar en los juegos olímpicos.
            ¡Fantástico! Ojalá que participemos en los juegos olímpicos. o
            ¡Caramba! Ojalá que no participemos en los juegos.

1. Van a hablar tres idiomas.

   _____

   _____

2. Van a vivir en otro país.

   _____

   _____

3. Van a tener profesiones aburridas.

   _____

   _____

4. Van a visitar al presidente.

   _____

   _____

5. Van a viajar a muchos países.

   _____

   _____

6. Van a estudiar en la Universidad Municipal.

   _____

   _____

7. Van a ganar mucho dinero.

   _____

   _____

8. Van a jugar tenis con el rey de España.

   _____

   _____

La profesora dice que... Los niños de primer grado aprenden mucho. ¿Qué cosas aprenden Lupita y sus amigos?

MODELO *recomendable / nosotros comer vegetales*
   Es recomendable que comamos vegetales.

1. necesario / nosotros hacer ejercicios todos los días

_____

_____

2. ser terrible / nosotros hablar con extraños

_____

_____

3. preciso / nosotros ayudar a papá y a mamá

_____

_____

4. recomendable / nosotros ser buenos estudiantes en la escuela

_____

_____

5. bueno / nosotros beber leche

_____

_____

6. importante / nosotros jugar con cuidado

_____

_____

7. fantástico / nosotros llegar a tiempo a la escuela

_____

_____

8. necesario / nosotros limpiar la sala de clase

_____

_____

Nombre _____

Fecha _____

¡DIME!
DOS

UNIDAD **5**
LECCIÓN **1**

¡A ESCRIBIR!

D   **¿Qué te imaginas?** El director de la escuela te invitó a ti y a otros tres estudiantes a una comida en su casa. ¿Qué te imaginas que va a pasar?

Vocabulario útil:

es bueno que   es posible que   ojalá que
es imposible que   es necesario que   es improbable que

MODELO

haber demasiada comida
Ojalá que no haya demasiada comida.
o
Es probable que haya demasiada comida.

1. los Sres. Álvarez ser simpáticos

_____

_____

2. tener perro feroz

_____

_____

3. ser elegante

_____

_____

4. saber cómo llegar

_____

_____

5. estar aburrido (a)

_____

_____

6. darle un regalo a la Sra. Álvarez

_____

_____

Nombre _____

Fecha _____

¡DIME!
DOS

UNIDAD 5
LECCIÓN 1

¡A ESCRIBIR!

E **¡Que curiosidad!** Esta tarde hay una fiesta en casa de tu profesor(a) de español y tu profesor(a) de francés está muy curioso(a). ¿Cómo contestas sus preguntas?

MODELO *¿Concepción va a tocar la guitarra ?*
Sí. Es cierto que Concepción va a tocar la guitarra. o
No sé. Es probable que Concepción toque la guitarra.

Vocabulario útil:

es imposible	es cierto	es dudoso	es preciso
es seguro	es improbable	es recomendable	

1. ¿Van a cantar los profesores?

   _____

   _____

2. ¿Vas a hacer los anuncios?

   _____

   _____

3. Mateo y Yolanda van a llevar los entremeses, ¿no?

   _____

   _____

4. ¿Van a llegar a tiempo Lorenzo y Rafael?

   _____

   _____

5. Esteban va a preparar los refrescos, ¿no?

   _____

   _____

6. ¿Todos van a conversar en español ?

   _____

   _____

7. ¿Vas a bailar con el(la) profesor(a)?

   _____

   _____

8. Uds. van a comer comida mexicana, ¿no?

   _____

   _____

© D.C. Heath and Company

Es probable... Tu amigo Lorenzo está muy preocupado con lo que les pasa a unos amigos. ¿Cómo le respondes?

Vocabulario útil:

es obvio   es claro
es probable   es dudoso
es cierto   es improbable

MODELO

¿Duerme bastante Gregorio?
Es probable que Gregorio no duerma bastante.

1. ¿Cómo está Pepito?

_____

_____

2. ¿Está estudiando Eva para el examen?

_____

_____

3. ¿Va a sacar Lisa una "A" en el examen?

_____

_____

4. ¿Está Leonardo en el hospital?

_____

_____

5. ¿Van al concierto Patricio y Carolina?

_____

_____

6. ¿Tiene dinero suficiente para comprar un

coche nuevo Ricardo?

_____

_____

G **Encuesta.** Los estudiantes en la clase del profesor Anderson están haciendo una encuesta de opiniones sobre varias situaciones que existen en el colegio. ¿Qué opinas tú?

MODELO *Hay mucha basura en la escuela.*
  Es terrible que haya mucha basura en la escuela.

Vocabulario útil:

es una lástima	es triste	es recomendable
es probable	es bueno	es increíble
es malo	es fantástico	es curioso
es dudoso	es difícil	es interesante

1. Muchos estudiantes no conocen a la secretaria.

   _____

   _____

2. No hay libros para todos los estudiantes.

   _____

   _____

3. Los profesores son exigentes.

   _____

   _____

4. Muchos estudiantes vienen de otros países.

   _____

   _____

5. Un grupo de chicas va a faltar a clase el viernes.

   _____

   _____

6. Muchos estudiantes no saben nada del gobierno.

   _____

   _____

7. No hay clases de arte este mes.

   _____

   _____

8. Los profesores dan exámenes dificilísimos.

   _____

   _____

Nombre _____

Fecha _____

¡DIME!
DOS

UNIDAD 5
LECCIÓN 1

VOCABULARIO PERSONAL

In this lesson you learned to give advice and express your hopes and opinions. You have also learned the new vocabulary listed below as well as additional vocabulary. Write all the vocabulary you already learned under each category and add any other vocabulary that you found particularly useful in this lesson.

Para expresar esperanzas

_____   _____

_____   _____

_____   _____

_____

Para dar consejos

_____   _____

_____   _____

_____   _____

_____

Para expresar opiniones

_____   _____

_____   _____

_____

Salud

adelgazar _____   galletita _____

aeróbico(a) _____   medicina _____

dieta _____   nutritivo(a) _____

dulce *(m.)* _____   pesa _____

energía _____   piscina _____

engordar _____   sueño _____

galleta _____   _____

Sustantivos

contaminación _____

crimen *(m.)* _____

chuchería _____

esperanza _____

instructor(a) _____

_____

_____

mansión *(f.)* _____

millonario(a) _____

papita frita _____

recomendación _____

socio(a) _____

Expresiones impersonales

es cierto _____

es claro _____

es dudoso _____

_____

_____

es obvio _____

es preciso _____

es probable _____

_____

_____

Verbos en presente del subjuntivo

aprender _____

dar _____

decir _____

estar _____

exigir _____

inventar _____

ir _____

nadar _____

_____

necesitar _____

prestar _____

saber _____

salir _____

ser _____

tener sueño _____

trabajar _____

ver _____

_____

Palabras y expresiones

afortunadamente _____

dormido(a) _____

mundial _____

olímpico(a) _____

_____

¡Qué caballero! _____

recomendable _____

único _____

ojalá que _____

_____

A   **¡A España!** Germán va a España a estudiar este verano. Escucha lo que le recomiendan varios miembros de su familia e indica los artículos que mencionan. Escucha una vez más para verificar tus respuestas.

A

_____

B

_____

C

_____

CH

_____

D

_____

E

_____

F

_____

G

_____

H

_____

I

_____

J

_____

Consejos. Varios estudiantes reciben los siguientes consejos. ¿Quién les habla, la profesora de biología o la instructora de la clase de aeróbicos?

	Profesora de biología	*Instructora de aeróbicos*
1.	☐	☐
2.	☐	☐
3.	☐	☐
4.	☐	☐
5.	☐	☐
6.	☐	☐
7.	☐	☐
8.	☐	☐

Problemas. Las siguientes personas recibieron varios consejos. Indica quién recibió los consejos, escribiendo la letra de los dibujos al lado de los números.

MODELO   Escuchas: *Recomiendo que comas menos pastel.*
            Escribes: **A**

1. _____
2. _____
3. _____
4. _____

5. _____
6. _____
7. _____
8. _____

© D.C. Heath and Company

Nombre _____

Fecha _____

¡DIME!
DOS

UNIDAD 5
LECCIÓN 2

¡A ESCUCHAR!

CH **Visita.** La doctora Suárez habla con el equipo femenino de volibol. Escucha sus consejos y completa la información que da la doctora. Escucha una vez más para verificar tus respuestas.

dormir   _____

acostarse   _____

beber   _____

comer   _____

seguir   _____

evitar   _____

asistir a   _____

hacer   _____

no olvidar   _____

D **En el restaurante.** Carlos y Ricardo comen en un restaurante. Lee las oraciones que aparecen a continuación. Luego escucha la conversación e indica si las oraciones son **Ciertas (C)** o **Falsas (F).** Escucha la conversación una vez más para verificar tus respuestas.

C   F   **1.** Ricardo siempre pide comidas fritas.

C   F   **2.** Carlos quiere bajar de peso.

C   F   **3.** El médico de Carlos recomienda que evite el pastel.

C   F   **4.** La camarera recomienda el pollo frito.

C   F   **5.** Carlos pide gazpacho y pollo asado.

C   F   **6.** El restaurante no sirve frutas.

C   F   **7.** Carlos pide postre.

C   F   **8.** Ricardo pide pollo frito y papas fritas.

Nombre _____

Fecha _____

¡DIME!
DOS

UNIDAD **5**
LECCIÓN **2**

¡A ESCRIBIR!

A **¿Qué decimos...?** Usa las siguientes frases para completar estas breves conversaciones entre Meche, Diana y Luis sobre su clase de ejercicios.

no me gusta nada	es mejor	me duelen
tan mala idea	no debo comer	sentir mejor
sigas mis consejos		

1. MECHE: ¿Por qué insisten tanto en que vaya?

   DIANA: Porque te vas a _____.

   MECHE: Pues, quizás no sea _____.

2. LUIS: Apenas puedo caminar.

   MECHE: Yo también. Sobre todo _____

   las piernas.

3. LUIS: Tengo un hambre feroz. _____

   _____ la idea de comer vegetales

   y frutas. ¿Qué tienen de malo las papitas fritas? También son

   vegetales.

   DIANA: _____ que no las comas.

   LUIS: Ésa es otra de mis comidas favoritas que

   _____.

   DIANA: Te recomiendo que _____

   _____.

Hermanito... Tu hermanito se va a un campamento. ¿Qué le aconsejas?

MODELO *ser cortés*
 Sugiero que seas cortés. o **Insisto en que seas cortés.**

Vocabulario útil:

sugerir	recomendar	preferir	querer
pedirte	aconsejar	insistir en	

1. no gritar

_____

_____

2. jugar con tus amigos

_____

_____

3. escuchar cuidadosamente a tus instructores

_____

_____

4. comer un buen desayuno todos los días

_____

_____

5. tener cuidado en el lago

_____

_____

6. no enojarse con los consejeros

_____

_____

7. cambiarse de ropa todos los días

_____

_____

8. escribirle a mamá todas las semanas

_____

_____

9. dormir mucho

_____

_____

10. divertirse

_____

_____

Nombre _____

Fecha _____

¡DIME!
DOS

UNIDAD 5
LECCIÓN 2

¡A ESCRIBIR!

C **El campeonato.** El equipo de baloncesto de tu colegio va al campeonato en la capital. ¿Qué opiniones y deseos escuchan los jugadores antes del partido?

MODELO *director / sugerir / no ponerse nervioso*
El director sugiere que no se pongan nerviosos.

1. sus / amigos / aconsejar / llevar / uniforme morado

_____

_____

2. profesor de inglés / preferir / estudiar más

_____

_____

3. subdirector / querer / ganar

_____

_____

4. padres / querer / jugar / cortésmente

_____

_____

5. entrenador / pedir / llegar temprano

_____

_____

6. director / recomendar / descansar bien el día anterior al partido

_____

_____

7. profesora de educación física / insistir en / ser cortés

_____

_____

CH **Consejos.** ¿Qué consejos les da la consejera a los estudiantes?

MODELO

Eliseo

Ella insiste en que Eliseo se lave el pelo.
o
Ella aconseja que Eliseo se peine.

Beatriz

1. _____

_____

_____

Rubén
y
Joselito

2. _____

_____

_____

ESCUELA   tú

3. _____

_____

_____

Ana

4. _____

_____

_____

© D.C. Heath and Company

Nombre _____

Fecha _____

¡DIME! DOS

UNIDAD **5**
LECCIÓN **2**

¡A ESCRIBIR!

5. _____

_____

_____

6. _____

_____

_____

7. _____

_____

_____

8. _____

_____

_____

D **Reglas nuevas.** El director del campamento acaba de anunciar las reglas nuevas. ¿Qué piensas tú de los cambios?

MODELO   *Los chicos deben despertarse a las 5 de la mañana.*
Es dudoso que los chicos se despierten a las cinco de la mañana.
Es horrible que los chicos se despierten a las cinco de la mañana.

Vocabulario útil:

es terrible	es curioso	es bueno	es fantástico
es triste	es dudoso	es imposible	es probable
es improbable	es mejor	es curioso	es increíble

1. Los chicos deben nadar dos horas todos los días.

   _____

2. Los jugadores de volibol van a practicar solamente los martes.

   _____

   _____

3. Los pequeños no pueden traer ositos de peluche.

   _____

4. Las actividades van a empezar a las 6 de la mañana.

   _____

   _____

5. Todos deben cantar después de la cena.

   _____

6. Todos deben dormirse a las 8:30 de la noche.

   _____

7. Va a servirse comida saludable.

   _____

8. El director debe servir la comida.

   _____

9. El entrenador de natación debe seguir las recomendaciones de los padres.

   _____

   _____

10. Todos van a divertirse mucho.

   _____

Nombre _____

Fecha _____

¡DIME!
DOS

UNIDAD 5
LECCIÓN 2

¡A ESCRIBIR!

E   **¡Qué consejos!** ¿Qué consejos les da Carlos Consejero a los jóvenes de la escuela secundaria?

MODELO   *ir a muchas fiestas / divertirse*
          Vayan a muchas fiestas. Diviértanse.

1. ir al café Maracaibo / pedir las arepas de pollo

_____

_____

2. acostarse temprano / dormir siete horas o más

_____

_____

3. conseguir empleo / trabajar

_____

_____

4. sacar buenas notas / seguir estudiando

_____

_____

5. prepararse para participar en los juegos olímpicos / hacer muchos ejercicios

_____

_____

6. almorzar ahora / comer bien siempre

_____

_____

F **¿Yo consejero?** Ahora tú eres el(la) consejero(a). ¿Qué consejos les das a tus compañeros con respecto a cada uno de los siguientes puntos?

1. pizza

   _____

   _____

2. carros

   _____

   _____

3. exámenes

   _____

   _____

4. excursiones

   _____

   _____

5. refrescos

   _____

   _____

6. drogas

   _____

   _____

7. bailes

   _____

   _____

8. computadoras

   _____

   _____

Nombre _____

Fecha _____

¡DIME!
DOS

UNIDAD **5**
LECCIÓN **2**

VOCABULARIO PERSONAL

In this lesson you learned how to make suggestions, and how to persuade and give advice to others. You have also learned the new vocabulary listed below as well as additional vocabulary. Write all the vocabulary you already learned under each category and add any new vocabulary that you found particularly useful in this lesson.

Para hacer sugerencias y recomendaciones

_____   _____

_____   _____

_____   _____

_____   _____

_____   _____

_____   _____

Para persuadir

_____   _____

_____   _____

_____   _____

_____   _____

_____   _____

Para dar consejos

_____   _____

_____   _____

_____   _____

_____   _____

_____   _____

_____   _____

_____   _____

Salud

grasa _____

gaseoso(a) _____

líquido(a) _____

nutrición _____

peso _____

quitar _____

régimen _____

saludable _____

vegetal _____

_____

Descripción

atento(a) _____

balanceado(a) _____

_____

_____

cortés _____

deprimido(a) _____

_____

_____

Verbos en presente del subjuntivo

aconsejar _____

animar _____

divertirse _____

dormirse _____

estar muerto _____

importar _____

insistir en _____

_____

pedir _____

pensar _____

poder _____

respirar _____

seguir _____

sentirse _____

sugerir _____

_____

Palabras y expresiones

buen(a) mozo(a) _____

carrera _____

demostración _____

especialidad _____

excusa _____

_____

_____

gasolinera _____

litro _____

¡No es para tanto! _____

veterinario _____

_____

_____

Nombre _____

Fecha _____

UNIDAD **5**
LECCIÓN **3**

¡DIME!
DOS

¡A ESCUCHAR!

A **El consultorio.** Todos están conversando en el consultorio del médico. Escucha los comentarios e indica cuáles de las siguientes oraciones siguen el comentario que escuchas. Escucha una vez más para verificar tus respuestas.

1. **a.** Espero que no sea nada serio.

   b. Me alegro de oírlo.

2. **a.** Temo que tengas que perder peso.

   b. Siento que tengas que esperar.

3. **a.** Me gusta verte así.

   b. Siento que estés enfermo.

4. **a.** Es posible que el doctor te ponga a dieta.

   b. Recomiendo que comas más.

5. **a.** Siento que te duela la cabeza.

   b. ¡Me alegro tanto de verte!

6. **a.** ¿Tienes miedo de que te den una inyección?

   b. Me alegro de que estés aquí.

B **Por teléfono.** Oyes parte de una conversación telefónica. Indica si estos comentarios reflejan una actitud **positiva (+)** o **negativa (–).** Escucha una vez más para verificar tus respuestas.

1.   +   –   5.   +   –

2.   +   –   6.   +   –

3.   +   –   7.   +   –

4.   +   –   8.   +   –

A México. Los estudiantes del Club de Español están hablando del viaje a México que van a hacer este verano. Indica si el estudiante que habla da o pide consejos. Escucha una vez más para verificar tus respuestas.

	Da consejos	Pide consejos		Da consejos	Pide consejos
1.	☐	☐	5.	☐	☐
2.	☐	☐	6.	☐	☐
3.	☐	☐	7.	☐	☐
4.	☐	☐	8.	☐	☐

Consejero del aire. Un consejero de radio les ofrece consejos a los enamorados. Primero lee las siguientes oraciones. Luego escucha el programa y selecciona la mejor respuesta. Escucha una vez más para verificar tus respuestas.

1. La chica es de...

   a. Barcelona

   b. Valencia

   c. Burgos

2. La chica está enamorada...

   a. de su mejor amigo

   b. del mejor amigo de su hermano

   c. del hermano de su mejor amiga

3. La chica no quiere...

   a. revelar sus sentimientos

   b. casarse ahora

   c. estar enamorada

4. Según el consejero, ella debe...

   a. hablar con su amiga

   b. hablar con su amigo

   c. casarse inmediatamente

5. La palabra **cuñada** quiere decir...

   a. *sister-in-law*

   b. *mother-in-law*

   c. *godmother*

6. La chica decide...

   a. no decirle nada a nadie

   b. seguir los consejos del consejero

   c. confesarle su amor al chico

Nombre _____

Fecha _____

¡DIME!
DOS

UNIDAD 5
LECCIÓN 3

¡A ESCUCHAR!

Estrategia para escuchar

Cómo pensar al escuchar

D **Una tradición española.** Al escuchar, es importante no sólo prestar atención a la información que oyes sino también pensar, formular hipótesis e ideas, y refinarlas, revisarlas o cambiarlas si es necesario.

Vas a escuchar un informe sobre una tradición española que se conoce como "Las uvas de la felicidad". Después de cada párrafo, indica tus ideas sobre el contenido del informe. Escucha una vez más. Después de cada párrafo verifica tu respuesta.

Posibles respuestas

1. Este informe probablemente va a explicar...

   a. la producción de vino

   b. la importancia de las frutas

   c. el uso especial de las uvas

2. Probablemente vas a aprender más de...

   a. la Puerta del Sol

   b. la celebración del Año Nuevo

   c. el cultivo de uvas

3. La palabra **campanada** probablemente quiere decir...

   a. *the striking of a clock*

   b. *a bunch of grapes*

   c. *the numbers on a clock*

4. Es importante comer todas las uvas a tiempo para...

   a. no tener hambre

   b. tener un año de felicidad

   c. despedirse del año viejo

Escuchemos un cuento

E **Una mujer valiente.** Lee las oraciones que aparecen a continuación. Luego escucha el siguiente cuento de una mujer valiente e indica si las oraciones son **Ciertas (C)** o **Falsas (F)**. Escucha una vez más para verificar tus respuestas.

C F **1.** El conde tenía un hijo y siete hijas.

C F **2.** Hubo una guerra contra los moros.

C F **3.** Era obligación de los hijos de los nobles participar en la guerra.

C F **4.** Catalina decidió vestirse de hombre.

C F **5.** Al conde le gustó la idea de Catalina.

C F **6.** Catalina no quiso usar armadura.

C F **7.** Catalina le salvó la vida al hijo del rey.

C F **8.** El príncipe observó las manos de Catalina.

C F **9.** Catalina nunca confesó su secreto.

C F **10.** El príncipe se casó y vivió feliz con Catalina.

Nombre _____

Fecha _____

¡DIME!
DOS

UNIDAD **5**
LECCIÓN **3**

¡A ESCRIBIR!

A **Clara Consejera.** ¿Qué consejos les da Clara Consejera a los jóvenes que tienen los siguientes problemas?

Problemas

_____ **1.** Estoy enamorada de un amigo mío pero él no se da cuenta de eso.

_____ **2.** Como mucho y peso demasiado.

_____ **3.** Estoy furiosa. El profesor de historia me puso una "F".

_____ **4.** Tengo una invitación para una fiesta pero no tengo dinero para comprar ropa nueva.

_____ **5.** Me molesta que mi hermana se ponga mi ropa nueva.

_____ **6.** La hermana menor de mi mejor amigo está loca por mí.

Consejos

a. Sugiero que busques trabajo inmediatamente.

b. Aconsejo que te calmes y que estudies más.

c. Recomiendo que te alegres de tener un buen amigo.

ch. Aconsejo que no la lastimes. Cómprale un osito de peluche.

d. Sugiero que adelgaces. Haz ejercicio y no comas tanto.

e. Recomiendo que no te enojes con ella. Cómprale un suéter nuevo.

B **Preocupaciones y esperanzas.** Mañana es el examen final de matemáticas. ¿Qué esperanzas tiene Lupita?

MODELO   *profesor / calificar exámenes inmediatamente*
Espero que el profesor califique los exámenes inmediatamente.

1. papá / no enojarse si no salir bien

   _____

   _____

2. Julio y Toño / calmarse

   _____

   _____

3. Raquel / no tener miedo

   _____

   _____

4. Úrsula y Adela / hacer todos los ejercicios

   _____

   _____

5. abuelo / darme dinero si sacar una "A"

   _____

   _____

6. nosotros / poder ir al cine después del examen

   _____

   _____

7. tú / acostarse temprano el día antes del examen

   _____

   _____

8. Lisa / aprenderse todas las fórmulas

   _____

   _____

C **¡Qué preocupada!** Susanita se preocupa constantemente. ¿De qué se preocupa en los siguientes casos?

MODELO

mamá

Teme que su mamá tenga un accidente en la bicicleta. o **Tiene miedo de que su mamá llegue tarde.**

su amiga

1. _____

_____

_____

sus hermanos

2. _____

_____

_____

3. _____

_____

_____

4. _____

_____

_____

5. _____

_____

_____

6. _____

_____

_____

Nombre _____

Fecha _____

¡DIME!
DOS

UNIDAD **5**
LECCIÓN **3**

¡A ESCRIBIR!

CH **La clase de historia.** ¿Qué opina el profesor de historia al ver la clase? ¿Cómo reacciona? ¿Qué desea?

MODELO **El profesor espera que Estela se despierte inmediatamente.** o
El profesor no quiere que Estela se duerma en clase. o
El profesor insiste en que Estela se despierte.

Vocabulario útil:

esperar	querer	sentir	estar alegre de
gustar	temer	insistir en	estar contento / furioso de

1. _____

_____

2. _____

_____

3. _____

_____

4. _____

_____

5. _____

_____

6. _____

_____

7. _____

_____

8. _____

_____

D **La directora.** ¿Cómo reacciona la directora de la escuela frente a las siguientes situaciones?

EJEMPLO _El entrenador de baloncesto está enfermo._
La directora espera que guarde cama. o
Siente que esté enfermo.

1. Los estudiantes sacan una "D" en español.

_____

2. Yolanda puede cantar ópera.

_____

3. El Sr. Romero asiste a la clase de química.

_____

4. Yo llego tarde.

_____

5. Perdemos el partido de volibol.

_____

6. La cafetería sirve comida nutritiva.

_____

Nombre _____

Fecha _____

¡DIME!
DOS

UNIDAD **5**
LECCIÓN **3**

¡A ESCRIBIR!

E **¿Y los profesores?** ¿Cómo reaccionan los profesores frente a las siguientes situaciones?

EJEMPLO

Están preocupados de que haya mucho tráfico. o
Temen que haya un accidente.

1. _____

_____

_____

2. _____

_____

_____

3. _____

_____

_____

4. _____

_____

_____

nosotros

5. _____

_____

_____

6. _____

_____

_____

Nombre _____

Fecha _____

¡DIME!
DOS

UNIDAD 5
LECCIÓN 3

¡A ESCRIBIR!

F **Reacciones.** Vas a dar una fiesta esta noche en tu casa. ¿Cómo reacciona una de las invitadas cuando le cuentas los detalles de la fiesta?

MODELO   *Pablo va a tocar el piano.*
          Es fantástico que toque el piano. o
          Es terrible que Pablo toque el piano.

1. Gloria y Sergio no pueden venir.

   _____

   _____

2. Tomás viene con su prima.

   _____

   _____

3. Yo preparo nachos para la fiesta.

   _____

   _____

4. Marta está enferma.

   _____

   _____

5. Nosotros vamos a bailar toda la noche.

   _____

   _____

6. Los hermanos Lara tienen que irse temprano.

   _____

   _____

Nombre _____

Fecha _____

¡DIME!
DOS

UNIDAD 5
LECCIÓN 3

VOCABULARIO PERSONAL

In this lesson you learned how to express emotion and make recommendations to others. You have also learned the new vocabulary listed below as well as additional vocabulary. Write all the vocabulary you have already learned under each category and add any other vocabulary that you found particularly useful in this lesson.

Para expresar emociones

_____   _____

_____   _____

_____   _____

_____   _____

_____   _____

Para hacer recomendaciones

_____   _____

_____   _____

_____   _____

_____   _____

_____   _____

Sentimientos

alegrarse (de) _____   enfurecer _____

amor *(m.)* _____   enojarse _____

calmarse _____   entristecer _____

confundido(a) _____   estar loco(a) por _____

enamorado(a) _____

_____   _____

_____   _____

_____   _____

Palabras y expresiones

aunque _____

complicado(a) _____

consejero(a) _____

chisme *(m.)* _____

darse cuenta de _____

hacer(le) caso (a alguien) _____

lastimar _____

molestar _____

ponerse en línea _____

resultado _____

titular _____

universitario(a) _____

_____ _____

_____ _____

_____ _____

_____ _____

_____ _____

_____ _____

_____ _____

_____ _____

_____ _____

_____ _____

_____ _____

_____ _____

_____ _____

_____ _____

_____ _____

_____ _____

_____ _____

_____ _____

_____

Nombre _____

Fecha _____

¡DIME!
DOS

UNIDAD 5
LECCIÓN 3

CON LA PALABRA EN LA BOCA

Para derivar palabras

A **Relación semántica.** Con frecuencia, hay una relación semántica entre las profesiones y los productos con los que se trabaja en esa profesión. Por ejemplo, el zapatero trabaja con zapatos, el tortillero produce tortillas. ¿Qué productos podemos relacionar con estas profesiones?

lechera   _____

peluquero   _____

vaquero   _____

carnicero   _____

B **Más relaciones.** Con frecuencia, también hay una relación semántica entre el producto y el establecimiento o lugar donde se fabrica o se vende. Por ejemplo, la leche se vende en una lechería y el pan en una panadería. ¿Qué productos crees que se venden en estos lugares?

joyería   _____

papelería   _____

frutería   _____

librería   _____

C **Producto, persona y lugar.** Las siguientes palabras muestran una relación semántica entre las tres categorías: el producto, la persona que trabaja con el producto y el lugar donde se fabrica o se vende ese producto. ¿Puedes completar las categorías que faltan en cada caso?

Producto	Persona	Lugar
1. _____	papelero	_____
2. _____	_____	lechería
3. pelo _____	_____	_____
4. _____	carnicero	_____
5. _____	librero	_____
6. _____	_____	tortillería
7. churro _____	_____	_____
8. _____	_____	pastelería
9. _____	relojero	_____
10. joyas _____	_____	_____
11. _____	_____	sombrerería
12. _____	zapatero	_____

Nombre _____

Fecha _____

¡DIME!
DOS

UNIDAD **6**
LECCIÓN **1**

¡A ESCUCHAR!

A **¿Me invitas?** Hay muchas fiestas este fin de semana. Escucha lo que dicen las siguientes personas e indica si extienden una invitación, aceptan una invitación o rechazan (no aceptan) una invitación. Escucha una vez más para verificar tus respuestas.

	Extiende	*Acepta*	*Rechaza*
1.	☐	☐	☐
2.	☐	☐	☐
3.	☐	☐	☐
4.	☐	☐	☐
5.	☐	☐	☐
6.	☐	☐	☐
7.	☐	☐	☐
8.	☐	☐	☐

B **Gracias.** Mucha gente quiere salir este fin de semana. Escucha los siguientes comentarios e indica cuál de estas oraciones sigue el comentario que oyes. Escucha una vez más para verificar tus respuestas.

1. **a.** ¡Qué lástima! Tengo planes el sábado.

   b. Con mucho gusto. ¿A qué hora?

2. **a.** ¿Y el sábado? ¿Estás libre?

   b. ¿Quieres ir de compras mañana?

3. **a.** Lo siento, pero no puedo. Tengo que trabajar.

   b. Me encanta bailar.

4. **a.** ¿Qué te parece si salimos a las nueve?

   b. Gracias, pero salgo para el trabajo a las ocho.

OVER ▷

5. a. Gracias. Me encantaría.

   b. ¡Qué lástima! Es una película buena.

6. a. Buena idea. Dicen que es fabuloso.

   b. Lo siento, pero no te conoce.

7. a. ¡Qué divertido! Me encantó la fiesta.

   b. ¡Qué mala suerte! Estoy enfermo.

8. a. ¿Quieres estudiar conmigo?

   b. No tengo tiempo ahora. Quizás más tarde.

C **No estoy seguro.** Todos están hablando del partido de volibol del sábado. Escucha los comentarios e indica si expresan duda o certeza (no duda). Escucha una vez más para verificar tus respuestas.

	Duda	*Certeza*
1.	☐	☐
2.	☐	☐
3.	☐	☐
4.	☐	☐
5.	☐	☐
6.	☐	☐
7.	☐	☐
8.	☐	☐
9.	☐	☐
10.	☐	☐

Nombre _____

Fecha _____

¡DIME!
DOS

UNIDAD **6**
LECCIÓN **1**

¡A ESCUCHAR!

CH **De compras.** Varias personas están hablando en el centro comercial. Escucha sus comentarios e indica de qué artículo(s) están hablando. Escucha una vez más para verificar tus respuestas.

1. _____   2. _____   3. _____

4. _____   5. _____   6. _____

7. _____   8. _____

D **¿Quieres ir?** Eva y Tito están hablando de sus planes para el fin de semana. Lee las siguientes oraciones. Luego escucha su conversación e indica si las oraciones son **Ciertas (C)** o **Falsas (F).** Escucha una vez más para verificar tus respuestas.

C F **1.** Tito ya tiene planes para el fin de semana.

C F **2.** Hay una nueva película romántica en el cine.

C F **3.** Tito invita a Eva a ir a la feria.

C F **4.** Eva y su mamá limpian la casa los sábados.

C F **5.** El sábado por la tarde Eva tiene que ayudar a su mamá.

C F **6.** Hay una nueva discoteca en la ciudad.

C F **7.** A Eva le encanta bailar.

C F **8.** Es obvio que Eva tiene mucho interés en salir con Tito.

C F **9.** Eva acepta la invitación de Tito para ir a un concierto.

C F **10.** Tito y Eva van a comer juntos.

Nombre _____

Fecha _____

¡DIME!
DOS

UNIDAD **6**
LECCIÓN **1**

¡A ESCRIBIR!

A **¿Qué decimos...?** Lee cada uno de los siguientes comentarios y escribe el nombre de la persona que lo dijo, basándote en la información contenida en el video y/o la fotonovela de esta lección.

Sr. Galindo

Margarita

Martín

Daniel

1. _____ Martín, dudo que necesites tanta

práctica.

2. _____ Somos fuertes. Además nos vamos a

abrigar bien.

3. _____ ¿Revisaron la batería?

4. _____ A mis papás les encanta acampar.

5. _____ Creo que todos los fusibles están bien.

6. _____ ¡Martín, eres un genio!

7. _____ ¿Están locos? Hace mucho frío, ¿no?

8. _____ Dudo que haya una gasolinera por aquí.

9. _____ ¡Ay, Martín! ¿Tú qué sabes de carros?

10. _____ ¡Ay, esa Margarita! ¡Qué exagerada!

Invitaciones. ¿Qué te contesta tu amigo(a) cuando lo(la) invitas a hacer las siguientes actividades?

MODELO

YO: **Voy a jugar béisbol. ¿Me acompañas?** o
Voy a jugar béisbol. ¿Quieres acompañarme?

AMIGO(A):   **Gracias, pero debo lavar el coche.** o
Lo siento, pero tengo que lavar el coche.

1. YO: _____

_____

AMIGO(A): _____

_____

_____

2. YO: _____

_____

AMIGO(A): _____

_____

_____

3. YO: _____

_____

AMIGO(A): _____

_____

_____

4. YO: _____

_____

AMIGO(A): _____

_____

_____

5. YO: _____

_____

AMIGO(A): _____

_____

_____

6. YO: _____

_____

AMIGO(A): _____

_____

_____

7. YO: _____

_____

AMIGO(A): _____

_____

_____

¡Claro que sí! Un amigo los invita a tu amigo(a) y a ti a ir a ciertos lugares. ¿Cómo responden Uds.?

MODELO *Voy a una exhibición de arte moderno. ¿Me acompañan?*
¡Claro que sí! ¿Cuándo vamos?

1. ¿Quieren acompañarme al gimnasio?

_____

_____

2. Voy al museo de antropología. ¿Me acompañan?

_____

_____

3. Jorge y yo vamos al concierto esta noche. ¿Nos acompañan?

_____

_____

4. Voy a ver la obra "El gesticulador". ¿Me acompañan?

_____

_____

5. ¿Quieren acompañarme a la tienda de discos?

_____

_____

6. ¿Quieren acompañarme a la casa de Julio?

_____

_____

Nombre _____

Fecha _____

¡DIME!
DOS

UNIDAD **6**
LECCIÓN **1**

¡A ESCRIBIR!

CH **¡Qué divertido!** Tus primos de Oregón están de visita en tu casa. Pregúntales si quieren acompañarte a ciertos lugares de tu ciudad. Luego escribe sus respuestas.

MODELO   TÚ: **¿Quieren acompañarme al Museo Alexander Lindsay para ver los animales?**
     PRIMOS: **¡Claro que sí! Queremos ser veterinarios.** o **¡Lo siento, pero no nos gustan los animales!**

1.   TÚ: _____

_____

PRIMOS: _____

_____

2.   TÚ: _____

_____

PRIMOS: _____

_____

3.   TÚ: _____

_____

PRIMOS: _____

_____

4.   TÚ: _____

_____

PRIMOS: _____

_____

5.   TÚ: _____

_____

PRIMOS: _____

_____

6.   TÚ: _____

_____

PRIMOS: _____

_____

D **Es posible.** ¿Qué vas a hacer en diez años? Indica si lo que ves en la bola de cristal es probable, dudoso o posible para ti.

MODELO **Es dudoso que sea abogado en San Francisco.** o
Es posible que sea abogado en San Francisco.

Vocabulario útil:

Es probable   Es posible   Es imposible
Es dudoso   Dudo que

1. _____

2. _____

3. _____

4. _____

5. _____

6. _____

7. _____

8. _____

Nombre _____

Fecha _____

¡DIME!
DOS

UNIDAD 6
LECCIÓN 1

¡A ESCRIBIR!

E ¡Estoy seguro! Expresa con certeza que tus amigos hacen todo bien.

MODELO *Margarita / jugar tenis*
Es cierto que Margarita juega tenis bien.

Vocabulario útil:

Es cierto   Es evidente
Es verdad   Está claro
Es obvio

1. Pablo / tocar la guitarra

   _____

   _____

2. Memo / correr

   _____

   _____

3. las hermanas Wynstra / nadar

   _____

   _____

4. tú / trabajar

   _____

   _____

5. la profesora Quiñones / enseñar

   _____

   _____

6. Rafael y Simón / cocinar bien

   _____

   _____

F   **El pesimista.** Estás hablando de la escuela con tu mamá. ¿Cómo responde ella a tus comentarios pesimistas?

MODELO Hay demasiados estudiantes.
> **Dudo que haya demasiados estudiantes.** o
> **Es obvio que hay demasiados estudiantes.**

Vocabulario útil:

dudar	es posible	es imposible
es probable	es improbable	es dudoso
es cierto	es evidente	es obvio

1. Todos los profesores son antipáticos.

   _____

   _____

2. Hay muchas clases aburridas.

   _____

   _____

3. La escuela es muy pequeña.

   _____

   _____

4. La comida de la cafetería es fatal.

   _____

   _____

5. El director es muy antipático.

   _____

   _____

6. Hay muchos estudiantes tontos.

   _____

   _____

7. Los libros son muy viejos.

   _____

   _____

8. No hay computadoras en la escuela.

   _____

   _____

Nombre _____

Fecha _____

¡DIME!
DOS

UNIDAD **6**
LECCIÓN **1**

¡A ESCRIBIR!

G **El año 2025.** ¿Estás de acuerdo con la siguiente descripción de lo que va a pasar en el año 2025?

MODELO Una mujer va a ser presidente de EE.UU.
Sí, creo que una mujer va a ser presidente. o
No creo que una mujer sea presidente.

1. Todo el mundo va a vivir en casas o apartamentos.

_____

_____

2. Los jóvenes van a saber mucho de relaciones internacionales.

_____

_____

3. No va a haber problemas de destrucción de bosques tropicales.

_____

_____

4. La educación universitaria no va a ser necesaria.

_____

_____

5. Va a haber muchas regiones desconocidas en la Tierra.

_____

_____

6. La gasolina va a ser más importante que el agua.

_____

_____

7. Los científicos van a descubrir una cura para el cáncer.

_____

_____

8. Vamos a tener suficiente comida para todo el mundo.

_____

Regalos. Ayer fue tu cumpleaños. ¿Quién te dio los siguientes regalos?

MODELO *¿Quién te dio la guitarra?*
         Me la dio Pedro.

1. ¿Quién te dio la computadora?

   _____

   _____

2. ¿Quién te dio el reloj?

   _____

   _____

3. ¿Quién te dio los discos compactos?

   _____

   _____

Nombre _____

Fecha _____

¡DIME!
DOS

UNIDAD **6**
LECCIÓN **1**

¡A ESCRIBIR!

4. ¿Quién te dio la bicicleta?

_____

_____

5. ¿Quién te dio el saco de dormir?

_____

_____

6. ¿Quién te dio los videos?

_____

_____

7. ¿Quién te dio la chaqueta?

_____

_____

8. ¿Quién te dio las revistas?

_____

_____

9. ¿Quién te dio el gato?

_____

_____

10. ¿Quién te dio el sombrero?

_____

_____

Regalos del mundo. Tu tío Manolo viajó por todo el mundo y le trajo muchos recuerdos a la familia. ¿Qué les trajo a ustedes?

MODELO   *¿Les trajo chaquetas españolas a ustedes?*
    Sí, nos las trajo.

1. ¿Les trajo suéteres noruegos a ustedes?

    _____

    _____

2. ¿Te trajo un collar chino a ti?

    _____

    _____

3. ¿Les trajo sombreros ecuatorianos?

    _____

    _____

4. ¿Te trajo zapatos españoles?

    _____

    _____

5. ¿Les trajo una pieza de cerámica mexicana?

    _____

    _____

6. ¿Les trajo pulseras japonesas?

    _____

    _____

7. ¿Te trajo revistas inglesas?

    _____

    _____

8. ¿Les trajo novelas argentinas?

    _____

    _____

Nombre _____

Fecha _____

¡DIME!
DOS

UNIDAD 6
LECCIÓN 1

¡A ESCRIBIR!

J   **Una carta.** Recibiste una carta de un amigo que acaba de mudarse a otra ciudad. Contesta sus preguntas.

MODELO   *¿Quién me va a mandar el álbum escolar? (Luisa)*
Luisa va a mandártelo.

1. ¿Quién me va a escribir una carta? (nosotros)

_____

_____

2. ¿Quién me va a dar la dirección de Julia? (yo)

_____

_____

3. ¿Quién me va a conseguir los números de teléfono que necesito? (Roberto)

_____

_____

4. ¿Quién me va a mandar las tarjetas de béisbol? (mamá y papá)

_____

_____

5. ¿Quién me va a comprar la revista del campeonato? (Andrés y yo)

_____

_____

6. ¿Quién me va a contar todas tus actividades? (yo)

_____

_____

Nombre _____

Fecha _____

¡DIME! DOS

UNIDAD **6**
LECCIÓN **1**

VOCABULARIO PERSONAL

In this lesson you learned how to extend, accept, and decline an invitation, and how to express opinions and doubt. You have also learned the new vocabulary listed below as well as additional vocabulary. Write all the vocabulary you have already learned under each category and add any other vocabulary that you found particularly useful in this lesson.

Para hacer una invitación

_____   _____

_____   _____

_____   _____

_____   _____

_____   _____

Para aceptar una invitación

_____   _____

_____   _____

_____   _____

_____   _____

_____   _____

Para rechazar una invitación

_____   _____

_____   _____

_____   _____

_____   _____

Para expresar opiniones

_____   _____

_____   _____

_____   _____

_____   _____

Para expresar dudas

_____   _____

_____   _____

_____   _____

_____   _____

Acampar

anochecer _____   saco de dormir _____

batería _____   sierra _____

carretera _____

_____   _____

Verbos

aguantar _____   revisar _____

colgar _____   sospechar _____

dudar _____

_____   _____

Palabras y expresiones

exagerado(a) _____   ¡quíhubole! _____

genio _(m. / f.)_ _____   sucio(a) _____

¡que les vaya bien! _____

_____   _____

Nombre

Fecha

¡DIME!
DOS

UNIDAD **6**
LECCIÓN **2**

¡A ESCUCHAR!

A **¡En México!** Un amigo y tú piden direcciones para ir a varios lugares. Empezando en el hotel, indica adónde van, trazando una línea de lugar en lugar. Escucha una vez más para verificar tu dibujo. Reúnete en grupo y verifica tu dibujo junto con tus compañeros.

colegio	heladería / restaurante	tienda	banco
café / iglesia	plaza	pizzería / correo	almacén
banco	cine / Regalos de Rosa	hospital	café
zoológico	café / El gallo dorado	parque	hotel

B **Turistas.** Manuel y Sofía están de vacaciones con sus familias y se encuentran en la ciudad de México. Escucha su conversación y luego indica si Manuel, Sofía o ambos han visitado los lugares mencionados. Escucha una vez más para verificar tus respuestas.

	Manuel	*Sofía*	*Ambos*
Torre Latinoamericana	☐	☐	☐
Alameda	☐	☐	☐
Zona Rosa	☐	☐	☐
Zócalo	☐	☐	☐
Catedral	☐	☐	☐
Palacio de Bellas Artes	☐	☐	☐
Metro	☐	☐	☐
Museo de Antropología	☐	☐	☐

¿Listo? Vas de picnic con un grupo de amigos y oyes los siguientes comentarios. Indica a qué figura se refieren. Escucha una vez más para verificar tus respuestas.

1. _____   2. _____   3. _____

4. _____   5. _____   6. _____

7. _____   8. _____

Nombre _____

Fecha _____

¡DIME!
DOS

UNIDAD **6**
LECCIÓN **2**

¡A ESCUCHAR!

CH **De venta.** Los vecinos de Yoli tuvieron una venta en su garaje. Escucha lo que dice Yoli e indica si ella y su familia compraron las siguientes cosas o no. Escucha una vez más para verificar tus respuestas.

	Compraron	*No compraron*
1.	☐	☐
2.	☐	☐
3.	☐	☐
4.	☐	☐
5.	☐	☐
6.	☐	☐
7.	☐	☐
8.	☐	☐
9.	☐	☐
10.	☐	☐

D **En el campamento.** Andrés y Pablo fueron a acampar. Lee las oraciones que aparecen a continuación. Luego escucha la conversación e indica si las oraciones son **Ciertas (C)** o **Falsas (F)**. Escucha la conversación una vez más para verificar tus respuestas.

C   F   **1.** Andrés va a cocinar.

C   F   **2.** Pablo no encuentra la hielera.

C   F   **3.** Pablo está muy preocupado por la hora.

C   F   **4.** Pablo va a armar la carpa.

C   F   **5.** Pablo no sabe dónde está el pan.

C   F   **6.** Pablo no encuentra los sacos de dormir.

C   F   **7.** A Pablo le gusta escuchar música.

C   F   **8.** Andrés quiere usar la linterna.

C   F   **9.** Pablo empacó la linterna.

C   F   **10.** Andrés está muy contento de la situación.

Nombre

Fecha

¡DIME!
DOS

UNIDAD 6
LECCIÓN 2

¡A ESCRIBIR!

A **¿Qué decimos...?** Martín, Daniel y su papá van a Aguirre Springs. ¿Dónde ocurren los siguientes comentarios, en el campamento o en la cueva?

1. Hay tres sitios distintos.

   _____

2. Oyeron un gruñido fuerte.

   _____

3. Es un sitio arqueológico.

   _____

4. Pon la linterna encima de la mesa.

   _____

5. Sirvió de refugio para mucha gente prehistórica.

   _____

6. Tráeme la hielera.

   _____

7. Ayúdame a armar la carpa.

   _____

8. Lo único que vieron en la oscuridad fueron los ojos brillantes de

   un puma.

   _____

¿Cómo llego a...? ¿Qué le dices a un estudiante nuevo en la escuela cuando te pregunta cómo llegar a los siguientes lugares?

1. ¿Cómo se llega al gimnasio desde la oficina?

_____

_____

_____

_____

2. ¿Cómo se llega al laboratorio de química desde la clase de inglés?

_____

_____

_____

_____

Nombre _____

Fecha _____

¡DIME!
DOS

UNIDAD **6**
LECCIÓN **2**

¡A ESCRIBIR!

3. ¿Cómo se llega a la biblioteca desde la clase de arte?

_____

_____

_____

_____

4. ¿Cómo se llega a la clase de francés desde el gimnasio?

_____

_____

_____

_____

5. ¿Cómo se llega al laboratorio de computación desde la biblioteca?

_____

_____

_____

_____

6. ¿Cómo se llega a la clase de álgebra desde la clase de música?

_____

_____

_____

_____

7. ¿Cómo se llega a la clase de español desde la clase de historia?

_____

_____

_____

_____

8. ¿Cómo se llega a la oficina desde la clase de francés?

_____

_____

_____

_____

C **Vienen a visitar.** Tus abuelos vienen a visitar a tu familia.
¿Qué preparaciones han hecho para la visita?

MODELO **Papá ha cortado el césped.**

mamá	limpiar los baños
papá	pasar el trapo
yo	preparar la comida
mis hermanos	bañar el perro
Lucía	cortar el césped
todos nosotros	barrer el patio
	pasar la aspiradora
	sacar la basura

1. _____

_____

2. _____

_____

3. _____

_____

4. _____

_____

5. _____

_____

6. _____

_____

Nombre _____

Fecha _____

¡DIME!
DOS

UNIDAD **6**
LECCIÓN **2**

¡A ESCRIBIR!

CH **El viaje a México.** Estás de viaje en México. ¿Qué le cuentas a tu mamá cuando te pregunta por teléfono qué has hecho?

MODELO *pasear por el Bosque de Chapultepec*
He paseado por el Bosque de Chapultepec.

1. descubrir lugares interesantes

_____

_____

2. escribir muchas tarjetas postales

_____

_____

3. no rompérseme nada

_____

_____

4. visitar las pirámides de Teotihuacán

_____

_____

5. ver unas maravillas

_____

_____

6. hacer excursiones a varios pueblos.

_____

_____

D   **Las tareas.** La profesora quisiera saber qué han hecho ustedes. ¿Qué le dicen?

MODELO   escribir la composición
Hemos escrito la composición.

hacer la tarea   aprender la lección
resolver el problema   organizar los cuadernos
traer las reglas   leer el cuento
poner las composiciones   ver los programas
  en el cuaderno   recomendados

1. _____
   _____

2. _____
   _____

3. _____
   _____

4. _____
   _____

5. _____
   _____

6. _____
   _____

7. _____
   _____

8. _____
   _____

Nombre _____

Fecha _____

¡DIME!
DOS

UNIDAD **6**
LECCIÓN **2**

¡A ESCRIBIR!

E **Más regalos.** En un viaje a Sudamérica compraste muchos regalos para tus familiares y amigos(as). Un amigo tuyo quiere saber dónde compraste lo que trajiste.

MODELO

abuela/Argentina

AMIGO(A): **¿Dónde compraste el collar para tu abuela?**
TÚ: **Se lo compré en Argentina.**

David/Ecuador

1. AMIGO(A): _____

_____

TÚ: _____

_____

hermanos/Paraguay

2. AMIGO(A): _____

_____

TÚ: _____

_____

mamá/Venezuela

3. AMIGO(A): _____

_____

TÚ: _____

_____

abuelos/Colombia

4. AMIGO(A): _____

_____

TÚ: _____

_____

tías/Perú

5. AMIGO(A): _____

_____

TÚ: _____

_____

Silvia/Bolivia

6. AMIGO(A): _____

_____

TÚ: _____

_____

Silvia y mamá/Argentina

7. AMIGO(A): _____

_____

TÚ: _____

_____

abuelo/Chile

8. AMIGO(A): _____

_____

TÚ: _____

_____

Nombre _____

Fecha _____

¡DIME!
DOS

UNIDAD **6**
LECCIÓN **2**

¡A ESCRIBIR!

F **Mandones.** El hermanito de Luisa, Pablito, está enfermo. ¿Qué le dice su mamá a Luisa cuando Pablito pide lo siguiente?

MODELO   PABLO: *Mamá, quiero que me cantes una canción.*
    MAMÁ: **Cántasela tú, Luisa.**

1. PABLO: Mamá, quiero que me traigas una limonada.

   MAMÁ: _____

2. PABLO: Mamá, quiero que me leas un cuento.

   MAMÁ: _____

3. PABLO: Mamá, quiero que me des mi bata.

   MAMÁ: _____

4. PABLO: Mamá, quiero que me hagas unos dibujos.

   MAMÁ: _____

5. PABLO: Mamá, quiero que me laves la cara.

   MAMÁ: _____

6. PABLO: Mamá, quiero que me busques el gato.

   MAMÁ: _____

7. PABLO: Mamá, quiero que me prepares unos sándwiches.

   MAMÁ: _____

8. PABLO: Mamá, quiero que me sirvas helado.

   MAMÁ: _____

© D.C. Heath and Company

G **Respuestas.** ¿Cómo contesta tu mamá estas preguntas que le haces?

MODELO   *¿Le digo la verdad a papá?*
          Sí, dísela.

1. ¿Le explico la lección a Pablito?

   _____

2. ¿Les llevo los periódicos a mis abuelos?

   _____

3. ¿Le doy los papeles a la profesora?

   _____

4. ¿Les cuento la historia a los chicos?

   _____

5. ¿Les sirvo la comida a tío Alfredo y a tía María?

   _____

6. ¿Le traigo los juguetes a Pepito?

   _____

7. ¿Le doy el disco a Sarita?

   _____

8. ¿Le explico el accidente al policía?

   _____

Nombre _____

Fecha _____

¡DIME!
DOS

UNIDAD **6**
LECCIÓN **2**

VOCABULARIO PERSONAL

In this lesson you learned how to ask for and give directions and how to exchange information. You also learned the new vocabulary listed below as well as additional vocabulary. Write all the vocabulary you have already learned under each category and add any other vocabulary that you found particularly useful in this lesson.

Para pedir direcciones

_____   _____

_____   _____

_____   _____

_____   _____

_____   _____

_____   _____

Para explicar cómo llegar a un lugar

_____   _____

_____   _____

_____   _____

_____   _____

_____   _____

_____   _____

Para intercambiar información

_____   _____

_____   _____

_____   _____

_____   _____

_____   _____

Acampar

armar _____ linterna _____

carpa _____ morirse de miedo _____

camino _____ oscuro(a) _____

cueva _____ puma _____

hielera _____ sitio _____

milla _____

_____ _____

_____ _____

_____ _____

Participios

abierto _____ puesto _____

descubierto _____ resuelto _____

dicho _____ roto _____

escrito _____ visto _____

hecho _____ vuelto _____

muerto _____

_____ _____

Verbos

dibujar _____ _____

pesar _____ _____

sobresalir _____ _____

_____ _____

Palabras y expresiones

refugio _____ _____

sospechoso(a) _____ _____

_____ _____

_____ _____

_____ _____

Nombre _____

Fecha _____

¡DIME!
DOS

UNIDAD 6
LECCIÓN 3

¡A ESCUCHAR!

A **Recuerdos.** La abuela y su hermano Édgar están recordando cómo celebraba la familia los días de santo cuando eran niños. Escucha lo que dicen y marca en los cuadros apropiados la actividad que cada persona realizaba. Escucha una vez más para verificar tus respuestas.

	abuela	Édgar	mamá	papá	todos
hacer el pastel					
comprar la piñata					
decorar la casa					
recibir a los invitados					
romper la piñata					
comer los dulces					
tocar la guitarra					
cantar					
bailar					
comer el pastel					

Un día especial. Víctor no siguió su rutina normal ayer. Escucha lo que dice e indica la hora de cada actividad, escribiendo la letra de la hora correspondiente al lado de la actividad. Escucha una vez más para verificar tus respuestas.

_____ 1. levantarse

_____ 2. desayunar

_____ 3. llamar a Julio

_____ 4. ir al cine

_____ 5. jugar fútbol

_____ 6. regresar a casa

_____ 7. ver televisión

_____ 8. cenar

_____ 9. acostarse

Nombre _____

Fecha _____

¡DIME!
DOS

¡A ESCUCHAR!

UNIDAD **6**
LECCIÓN **3**

C **De vacaciones.** Adela pasó unas vacaciones estupendas en Mazatlán. Escucha lo que dice e indica la secuencia cronológica de las escenas, escribiendo los números del 1 al 6 en los dibujos. Escucha una vez más para verificar tus respuestas.

_____

_____

_____

_____

_____

_____

CH **¡Qué fiesta!** En la cafetería todos están hablando de la fiesta del sábado pasado. Indica si los comentarios son **positivos** (+) o **negativos** (–). Escucha una vez más para verificar tus respuestas.

1.   +   –

2.   +   –

3.   +   –

4.   +   –

5.   +   –

6.   +   –

7.   +   –

8.   +   –

Estrategia para escuchar

Cómo escuchar poesía

Recuerdo infantil. La poesía oral tiene una historia muy larga. Antes de los periódicos, había personas que iban de pueblo en pueblo contando las noticias en forma poética. Hasta hoy en día es muy común escuchar la poesía. Cuando escuchamos una canción, oímos poesía oral.

En el mundo de habla hispana es muy común declamar poesías. El ritmo, la rima, la aliteración y las demás técnicas contribuyen a la apreciación y la comprensión de un poema. Escucha el siguiente poema y complétalo, escribiendo las palabras que faltan en los espacios en blanco. Escucha una vez más para verificar tus palabras. Luego contesta las preguntas que aparecen después del poema.

Recuerdo infantil

Una tarde parda y _____

de invierno. Los colegiales

_____. Monotonía

de _____ tras los cristales.

Es la _____. En un cartel

se representa a Caín

fugitivo, y _____ Abel,

junto a una mancha carmín.

Con timbre sonoro y hueco

truena el _____, un anciano

mal _____, enjuto y seco,

que lleva un libro en la _____.

Y _____ un coro infantil

va cantando la _____;

mil veces ciento, cien _____,

mil veces mil, un millón.

Una _____ parda y fría

de _____. Los colegiales

estudian. Monotonía

de lluvia tras los _____.

Antonio Machado (1875–1939)

Nombre _____

Fecha _____

¡DIME!
DOS

UNIDAD **6**
LECCIÓN **3**

¡A ESCUCHAR!

Ahora contesta las siguientes preguntas.

1. En este poema, el poeta recuerda...

   a. un hospital

   b. su casa

   c. la escuela

   ch. la iglesia

2. En la primera estrofa, la palabra *cristales* quiere decir...

   a. ventanas

   b. mesas

   c. mapas

   ch. platos

3. El poeta recuerda al maestro como un hombre...

   a. interesante

   b. viejo

   c. excelente

   ch. joven

4. El tono de la escena que evoca el poeta es...

   a. alegre

   b. interesante

   c. divertida

   ch. aburrida

Escuchemos un cuento

La casa misteriosa. Lee las siguientes oraciones. Luego escucha el cuento e indica si las oraciones son **Ciertas (C)** o **Falsas (F).** Escucha una vez más para verificar tus respuestas.

C   F   **1.** Adán y Julia viven en una ciudad grande.

C   F   **2.** Los chicos jugaban e iban a las casas de los vecinos.

C   F   **3.** Había una casa de donde salían gritos misteriosos.

C   F   **4.** Los adultos les permitieron a los niños visitar la casa azul.

C   F   **5.** Adán y Julia se divertían explorando.

C   F   **6.** Los chicos tenían ganas de visitar la casa azul.

C   F   **7.** Una señora joven y elegante vivía en la casa azul.

C   F   **8.** La señora tenía unos animales feroces.

C   F   **9.** Al ver los animales, los niños se asustaron y se fueron corriendo a su casa.

C   F   **10.** Los niños les contaron todo a sus padres.

Nombre _____

Fecha _____

¡DIME!
DOS

UNIDAD **6**
LECCIÓN **3**

¡A ESCRIBIR!

A   **¡A acampar!** Completa cada oración. Luego ponlas en orden cronológico y escríbelas formando un párrafo.

acampar	advirtió	alarmaron	excavaciones
prender	historia	muerto	arqueológicas
señal	ermitaño	siglo	

1. Una noche la gente no vio la _____.

2. Hay un cuento de un señor del _____ pasado.

3. Mi papá, mi hermano y yo fuimos a _____ a las

   montañas.

4. Al día siguiente lo encontraron _____.

5. Cuando el _____ era viejo, se instaló en la cueva.

6. Fuimos a un sitio de _____.

7. Todos se _____.

8. La gente le _____ que era peligroso vivir allí solo.

9. Dijo que todas las noches iba a _____ un fuego

   frente a la cueva.

10. Es una cueva que tiene una _____ de siete

    mil años.

_____

_____

_____

_____

_____

_____

_____

_____

B **En el campamento.** Tú y tus amigos iban a las montañas a acampar todos los veranos. ¿Qué hacían cuando iban?

MODELO **Sergio armaba la carpa.**

Sergio
Luisa y Meche
yo
nosotros
los hermanos Romano
tú
Delia
	nadar en el lago
	llevar la comida
	armar la carpa
	llevar refrescos
	comprar un saco de
	    dormir nuevo
	divertirse
	explorar una cueva
	cortar los vegetales
	poner las linternas sobre
	    la mesa

1. _____

   _____

2. _____

   _____

3. _____

   _____

4. _____

   _____

5. _____

   _____

6. _____

   _____

7. _____

   _____

Nombre _____

Fecha _____

¡DIME!
DOS

UNIDAD **6**
LECCIÓN **3**

¡A ESCRIBIR!

C **¡Fue fantástico!** Ayer fue un día fantástico. Toda la familia fue al parque y se divirtió muchísimo. ¿Qué hicieron en el parque?

MODELO **Tío Samuel corrió por el parque.**

1. _____

_____

2. _____

_____

© D.C. Heath and Company

3. _____

4. _____

5. _____

6. _____

¡Qué susto! Durante el fin de semana el Club de Español fue a pasar una noche en el campamento de Aguirre Springs. Describe lo que pasó.

MODELO   *todos / estar cansado / cuando llegar al campamento*
Todos estábamos cansados cuando llegamos al campamento.

1. chicos / explorar la cueva / cuando ver un puma

_____

2. profesores / armar la carpa / cuando oír a los chicos gritar

_____

3. Julio / estar muerto de miedo / cuando llegar los profesores

_____

4. yo / dormir / cuando oír un ruido muy fuerte

_____

5. tú / tener frío / cuando salir a prender el fuego

_____

6. chicas / tener mucho miedo / cuando escuchar los cuentos de espanto

_____

7. Papá y Ricardo / estar con las chicas / cuando regresar los muchachos

_____

Nombre _____

Fecha _____

¡DIME!
DOS

UNIDAD **6**
LECCIÓN **3**

¡A ESCRIBIR!

D **Interrupciones.** Ayer la clase de español tuvo muchas interrupciones.
Descríbelas.

MODELO

Pablo

director / entrar por la puerta
**Pablo hablaba en la clase cuando el
director entró por la puerta.**

La clase

1. Sebastián / apagar las luces

_____

_____

_____

La clase

2. Luisa / desenchufar el televisor

_____

_____

_____

La profesora

Vocabulario
área
armar
astronauta

Simón   **Lorenzo**

Concepción

estudiantes

3. sonar el timbre

_____

_____

_____

4. caja / caerse

_____

_____

_____

5. dormirse

_____

_____

_____

6. perro feroz / entrar por la puerta

_____

_____

_____

Nombre _____

Fecha _____

¡DIME!
DOS

UNIDAD **6**
LECCIÓN **3**

¡A ESCRIBIR!

E **Comentarios.** Tus amigos están hablando de todo. ¿Qué comentarios oyes?

MODELO *Inés / ser / bueno / amiga*
Inés es buena amiga.

1. cuando / hacer / bueno / tiempo / equipo / jugar / bien

_____

_____

2. Sr. Durán / ser / tercero / director / escuela

_____

_____

3. ¿haber / alguno / estudiante nuevo?

_____

_____

4. Mateo / ser / malo / jugador de tenis

_____

_____

5. no haber / ninguno / computadora que funcionar

_____

_____

6. Anoche / jugadores de fútbol / ganar / primero / partido

_____

_____

7. profesor / inglés / buscar / alguno / libro / biblioteca

_____

_____

F **¡Pobre Elena!** La semana pasada fue terrible para Elena. Escribe un cuento basado en estos dibujos.

lunes

martes

miércoles

jueves

viernes

_____

_____

_____

_____

_____

_____

_____

_____

_____

Nombre _____

Fecha _____

¡DIME!
DOS

UNIDAD **6**
LECCIÓN **3**

VOCABULARIO PERSONAL

In this lesson you learned how to narrate past events, retell a story and express your opinions. You have also learned the new vocabulary listed below as well as additional vocabulary. Write all the vocabulary you have already learned under each category and add any other vocabulary that you found particularly useful in this lesson.

Para narrar en el pasado

_____   _____

_____   _____

_____   _____

_____   _____

_____   _____

_____   _____

Para narrar un cuento

_____   _____

_____   _____

_____   _____

_____   _____

_____   _____

_____   _____

Para expresar opiniones

_____   _____

_____   _____

_____   _____

_____   _____

_____   _____

_____   _____

Cuento

ermitaño(a) _____

espantoso(a) _____

prender un fuego _____

_____

_____

_____

¡Qué susto! _____

ruido _____

señal *(f.)* _____

_____

_____

_____

Palabras y expresiones

acostumbrado(a) _____

advertir _____

chistoso(a) _____

_____

_____

_____

_____

_____

_____

_____

_____

_____

Nombre _____

Fecha _____

¡DIME!
DOS
UNIDAD **6**
LECCIÓN **3**

CON LA PALABRA EN LA BOCA

Diminutivos y aumentativos

Los diminutivos son sufijos que indican que algo es pequeño; los aumentativos son sufijos que indican que algo es grande. ¿Cuáles de estas palabras indican algo pequeño y cuáles algo grande?

	Grande	*Pequeño*
jovencito(a)	☐	☐
cabezón(ona)	☐	☐
viajecito	☐	☐
hombrón	☐	☐
chiquito(a)	☐	☐
sillón	☐	☐
ranchito	☐	☐
mujerona	☐	☐

• ¿Qué tienen en común todas las palabras que indican que algo es pequeño?

_____

• ¿Qué tienen en común todas las palabras que indican que algo es grande?

_____

• ¿Cuál es el aumentativo de los siguientes diminutivos?

zapatito _____

muchachita _____

cucharita _____

•¿Cuál es el diminutivo de las siguientes palabras?

libro   _____

casa   _____

árbol   _____

abuela   _____

regalo   _____

cosa   _____

gato   _____

perra   _____

•¿Cuál es el diminutivo de estos nombres?

Marta   _____

Lola   _____

Ana   _____

Juana   _____

Manolo   _____

Pepe   _____

Juan   _____

Miguel   _____

Los diminutivos se usan con frecuencia para expresar emociones positivas de cariño o intimidad, como **amorcito, abuelitos, hijita, mamacita.** Los aumentativos a veces pueden ser despectivos o negativos, como **ricachón, muchachón, mujerona.** Claro que otros factores, tales como tono, tipo de sufijo, contenido, etc., pueden determinar si el diminutivo o aumentativo tienen un valor positivo o negativo.

Nombre _____

Fecha _____

¡DIME!
DOS

UNIDAD **7**
LECCIÓN **1**

¡A ESCUCHAR!

A **Lotería.** Cuatro jóvenes son finalistas para ganar la lotería. Escucha la conversación con el locutor e indica las cosas que quiere hacer cada persona. Escucha una vez más para verificar tus respuestas.

	Linda	*Rafael*	*Norma*	*Benito*
comprar ropa				
viajar				
comprar un vehículo				
ayudar a los demás				
comprar juegos de video				
comprar un instrumento				

B **Invitados.** Teo y Virginia Ortega van a dar una fiesta. Escucha su conversación y escribe los quehaceres de cada persona en el círculo correspondiente y los que van a hacer juntos, en la intersección de los círculos. Escucha una vez más para verificar tus respuestas.

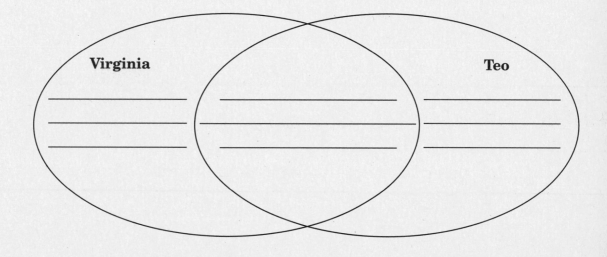

Venta. El Club de Español está vendiendo unos recuerdos mexicanos porque necesita dinero. Escucha lo que pasa en la venta e indica por cuánto se vende cada artículo. Escucha una vez más para verificar tus respuestas.

A

$ _____

B

$ _____

C

$ _____

CH

$ _____

D

$ _____

¿Cuánto tiempo? La Hamburguesa Gorda ganó un premio especial por excelencia. Escucha esta entrevista con los empleados e indica cuánto tiempo hace que trabajan allí. Escucha una vez más para verificar tus respuestas.

Marcos   _____

Susana   _____

Enrique   _____

Laura   _____

Nombre _____

Fecha _____

¡DIME!
DOS

UNIDAD 7
LECCIÓN 1

¡A ESCUCHAR!

D **Promesas.** La semana que viene se celebran las elecciones para el presidente del Consejo Estudiantil del colegio. Escucha los discursos de los candidatos e indica qué cambio propone cada uno. Escucha una vez más para verificar tus respuestas.

	Clara	Federico	María Luisa
más bailes	☐	☐	☐
más estacionamientos para carros	☐	☐	☐
más conciertos	☐	☐	☐
más asambleas	☐	☐	☐
mejor comida	☐	☐	☐
más actividades de fin de semana	☐	☐	☐
más actividades después de clases	☐	☐	☐
más tiempo entre clases	☐	☐	☐
más actividades antes de clases	☐	☐	☐
más películas	☐	☐	☐

Nombre _____

Fecha _____

¡DIME! DOS

UNIDAD **7**
LECCIÓN **1**

¡A ESCRIBIR!

A **¿Qué decimos...?** Completa los siguientes comentarios de Margarita, Mateo, Tina y su mamá.

a menos	ahorrando	burles	costumbre
dar una vuelta	de repente	gasto	manejando

1. Mateo está _____ su carro nuevo.

2. He estado _____ mi dinero.

3. Súbanse y las llevo a _____ .

4. No hay manera que tú compres tu carro _____
que ahorres dinero.

5. En esta familia no es _____ pagar los quehaceres.

6. ¿Por qué _____ tienes tanto interés en ganar dinero?

7. Si _____ el dinero, no voy a poder comprar mi carro.

8. ¡No te _____ de mí!

B **Si tienes hambre...** ¿Qué consejos le das a tu amigo(a)?

MODELO

tener hambre
**Si tienes hambre,
debes comer
un sándwich.**

1. tener sueño

_____

_____

_____

2. no tener energía

_____

_____

_____

3. estar aburrido(a)

_____

_____

_____

4. sacar malas notas

_____

_____

_____

5. tener sed

_____

_____

_____

6. querer comprar un carro

_____

_____

_____

7. tener frío

_____

_____

_____

Nombre _____

Fecha _____

¡DIME!
DOS

UNIDAD **7**
LECCIÓN **1**

¡A ESCRIBIR!

C   **¡Fíjate!** ¿Qué crees tú que va a pasar si tus amigos hacen estas cosas?

MODELO   *Pablo: trabajar el sábado*
Si Pablo trabaja el sábado, no va a jugar fútbol con nosotros. o
Si Pablo trabaja el sábado, no puede jugar fútbol con nosotros.

1. Luisa y Carolina: viajar a México este verano

_____

_____

2. Jaime: ganar mucho dinero

_____

_____

3. Rosalia: practicar el piano

_____

_____

4. tú: hacerse socio de un club

_____

_____

5. Daniel: comprar un carro

_____

_____

6. los hermanos Boral: practicar baloncesto

_____

_____

7. yo: ahorrar el dinero

_____

_____

8. Susana: hacer muchos ejercicios

_____

_____

La comida mexicana. Tú y tu hermano van a preparar una comida mexicana para la familia. Decidan cuáles actividades vas a hacer tú y cuáles tu hermano.

MODELO *comprar fruta / buscar tortillas*
Yo compro la fruta si tú buscas las tortillas.

1. cortar vegetales / preparar guacamole

   _____

   _____

2. hacer ensalada / poner mesa

   _____

   _____

3. preparar flan / cocinar carne

   _____

   _____

4. lavar la fruta / echarle sal a los frijoles

   _____

   _____

5. hacer café / servir postre

   _____

   _____

6. sacar basura / lavar platos

   _____

   _____

Nombre _____

Fecha _____

¡DIME!
DOS

UNIDAD 7
LECCIÓN 1

¡A ESCRIBIR!

D   **Intercambios.** Te gustaría intercambiar algunas de tus cosas por las de tu amigo(a). ¿Qué le dices?

MODELO: **Te doy mi cuaderno por tu bolígrafo.**

Tú	**Tu amigo(a)**
zapatos deportivos	bolígrafo
chaqueta	mochila
discos compactos	gato
televisor	boleto para el concierto
reloj	computadora
sudadera	calculadora
cámara	revista
cuaderno	suéter
radio	bicicleta
tarea	sombrero
saco de dormir	esquíes

1. _____

2. _____

3. _____

4. _____

5. _____

6. _____

7. _____

8. _____

9. _____

10. _____

¡Trabajo barato! Necesitas ahorrar dinero para comprarte un carro. Varios amigos de tus padres quieren saber cuánto tienen que pagarte por hacer los siguientes quehaceres. ¿Qué les dices?

MODELO

$5

Paso un trapo por cinco dólares.

1. $8

_____

_____

2. $12

_____

_____

3. $6

_____

_____

Nombre _____

Fecha _____

¡DIME!
DOS

UNIDAD 7
LECCIÓN 1

¡A ESCRIBIR!

4. $3

_____

_____

5. $15

_____

_____

6. $20

_____

_____

7. $7

_____

_____

8. $14

_____

_____

¡Qué persistentes! ¿Qué dijeron estos jóvenes cuando la profesora les pidió ejemplos de su persistencia?

MODELO
Cuca: buscar el gato / 3 días
Cuca dijo que buscó el gato por tres días.

1. Chela: trabajar en un café / 2 años

   _____

   _____

2. Elisa: hacer ejercicio / 3 horas

   _____

   _____

3. Patricio y Pablo: vivir en Bolivia / 7 meses

   _____

   _____

4. Jaime y yo: dormir / 12 horas

   _____

   _____

5. Enrique y su familia: viajar por Europa / 4 meses

   _____

   _____

6. Yolanda: visitar a sus tíos / 3 semanas

   _____

   _____

7. Yo: hablar con Adela por teléfono / 4 horas y media

   _____

   _____

8. Anita y su hermano: estudiar francés / 5 años

   _____

   _____

Nombre _____

Fecha _____

¡DIME!
DOS

UNIDAD 7
LECCIÓN 1

VOCABULARIO PERSONAL

In this lesson you learned how to speculate and negotiate. You have also learned the new vocabulary listed below as well as additional vocabulary. Write all the vocabulary you have already learned under each category and add any new vocabulary that you found particularly useful in this lesson.

Para especular

_____   _____

_____   _____

_____   _____

_____   _____

_____   _____

Para negociar

_____   _____

_____   _____

_____   _____

_____   _____

_____   _____

Gastos

ahorrar

_____   _____

_____   _____

_____   _____

_____   _____

_____   _____

El carro

gasolina _____

manejar _____

_____

_____

_____

seguro _____

vuelta _____

_____

_____

_____

Palabras y expresiones

absolutamente _____

burlarse _____

costumbre _____

depender _____

_____

_____

_____

duda _____

llamativo(a) _____

puesto _____

realista _____

_____

_____

_____

Nombre _____

Fecha _____

¡DIME!
DOS

UNIDAD **7**
LECCIÓN **2**

¡A ESCUCHAR!

A **¿Seguro?** Unos estudiantes están hablando de sus planes para el verano. Escucha sus comentarios e indica si los planes son **seguros** o **no son seguros.** Escucha una vez más para verificar tus respuestas.

Seguro   *No es seguro*

1. ☐   ☐
2. ☐   ☐
3. ☐   ☐
4. ☐   ☐
5. ☐   ☐
6. ☐   ☐
7. ☐   ☐
8. ☐   ☐

B **De compras.** Toda la familia Herrera está de compras hoy. Según la mamá, ¿qué andan buscando todos? Escribe el nombre de la persona que busca el artículo dibujado. Escucha una vez más para verificar tus respuestas.

_____

_____

_____

_____

_____

_____

_____

_____

¡Fiesta! Varias personas están hablando de una fiesta que van a dar. Indica si lo que mencionan es **conocido** o **desconocido** (no conocido). Escucha una vez más para verificar tus respuestas.

	Conocido	*Desconocido*		*Conocido*	*Desconocido*
1.	☐	☐	6.	☐	☐
2.	☐	☐	7.	☐	☐
3.	☐	☐	8.	☐	☐
4.	☐	☐	9.	☐	☐
5.	☐	☐	10.	☐	☐

Empleos. Escucha cada uno de los siguientes anuncios de radio e indica las cualidades que se buscan. Escucha una vez más para verificar tus respuestas.

Anuncio número 1

_____ hablar inglés

_____ tener coche propio

_____ tener experiencia

_____ ser responsable

Anuncio número 2

_____ ser mayor de edad

_____ saber escribir a máquina

_____ saber usar computadora

_____ poder trabajar de noche

Anuncio número 3

_____ hablar y escribir inglés

_____ ser responsable

_____ tener buena presencia

_____ ser mayor de edad

Nombre _____

Fecha _____

¡DIME!
DOS

UNIDAD **7**
LECCIÓN **2**

¡A ESCUCHAR!

D   **Una carrera.** Andrea y Esteban están hablando de sus futuros trabajos. Lee las oraciones que siguen a continuación. Luego escucha la conversación e indica si las oraciones son **Ciertas (C)** o **Falsas (F)**. Escucha la conversación una vez más para verificar tus respuestas.

C   F   **1.**   Andrea y Esteban acaban de graduarse.

C   F   **2.**   Andrea quiere encontrar un trabajo que no sea aburrido.

C   F   **3.**   A Andrea le gusta trabajar con la gente.

C   F   **4.**   Andrea prefiere trabajar en una oficina.

C   F   **5.**   A Esteban le gusta la idea de trabajar al aire libre.

C   F   **6.**   Esteban es más extrovertido que Andrea.

C   F   **7.**   Andrea piensa buscar trabajo en un restaurante.

C   F   **8.**   Andrea le recomienda a Esteban que trabaje como camarero.

C   F   **9.**   Andrea y Esteban piensan trabajar este verano.

C   F   **10.**   Andrea y Esteban esperan trabajar juntos.

Nombre

Fecha

¡DIME!
DOS

UNIDAD 7
LECCIÓN 2

¡A ESCRIBIR!

A ¿**Qué decimos...?** Escribe al menos tres requisitos y condiciones que van con cada puesto.

REQUISITOS Y CONDICIONES

saber taquigrafía	no requiere experiencia
meseros, lavaplatos	tener auto
repartir periódicos	$5 la hora
trabajar de día	ganar hasta mil quinientos
ser mayor de edad	trabajo de verano
hablar español	puestos inmediatos
saber escribir a máquina	jóvenes para el espectáculo

VENDEDORES

_____
_____
_____
_____

EL PASO TIMES

_____
_____
_____
_____

PERSONAS PARA
HACER LLAMADAS

_____
_____
_____
_____

VIVA EL PASO

_____
_____
_____
_____

RESTAURANTE

_____
_____
_____
_____

SECRETARIA

_____
_____
_____
_____

Planes para el verano. ¿Qué planes tienes para el verano?

MODELO **Tal vez camine por las montañas.**

1. _____

_____

2. _____

_____

3. _____

_____

4. _____

_____

5. _____

_____

6. _____

_____

7. _____

_____

8. _____

_____

Nombre _____

Fecha _____

¡DIME!
DOS

UNIDAD **7**
LECCIÓN **2**

¡A ESCRIBIR!

C **¡Ay, Pablito!** Pablito no aprendió bien las lecciones de geografía y ciencias sociales. No se acuerda bien de lo que ha leído. ¿Cómo expresa sus dudas?

MODELO *¿Es el río Amazonas el más largo del mundo?*
Tal vez el río Amazonas sea el más largo.

1. ¿Cultivan maíz en Antártida?

_____

_____

2. ¿Hay ranchos en Filadelfia?

_____

_____

3. ¿Es la tierra tan grande como el sol?

_____

_____

4. ¿Comen tortillas los habitantes de los Andes?

_____

_____

5. ¿Tiene Bolivia salida al mar?

_____

_____

6. ¿Hay lagos en el desierto Atacama?

_____

_____

7. ¿Viven en cuevas los hawaianos?

_____

_____

8. ¿Construyen edificios altos en el cerro Aconcagua?

_____

_____

CH **¡Cálmate!** Tu hermano mayor va a trabajar en una tienda de discos. Está nervioso porque no sabe si le va a gustar el trabajo. ¿Qué le dices para calmarlo?

MODELO   *tu jefe / ser / simpático*
Quizás tu jefe sea simpático.

1. empleados / querer / ser tus amigos

2. tu jefe / te / pagar / bien

3. no tocar / música / todo el tiempo

4. haber / café y refrescos para / empleados

5. tú / conocer / un cantante famoso

6. tu jefe / dejarte / comprar discos en oferta

7. tú / ganar / mucho dinero

8. trabajo / ser / fácil e interesante

Nombre _____

Fecha _____

¡DIME!
DOS

UNIDAD **7**
LECCIÓN **2**

¡A ESCRIBIR!

D **Preferencias.** Tus amigos están conversando sobre el colegio de sus sueños. ¿Qué prefieren?

MODELO   **José prefiere un colegio que tenga una piscina olímpica.**

Margarita	requerir	clases de diez estudiantes
Julio	emplear	chicle y dulces
los hermanos Montes	tener	profesores simpáticos
Luisa	permitir	piscina olímpica
tú	estar	muchos ejercicios
yo	no requerir	mucha tarea
Delia y Sara	dar	profesores guapos
nosotros	ofrecer	en los suburbios
José		vacaciones todos los meses

1. _____

_____

2. _____

_____

3. _____

_____

4. _____

_____

5. _____

_____

6. _____

_____

7. _____

_____

8. _____

_____

Festival internacional. El colegio está planeando un festival internacional. ¿Qué preferencias tienen los siguientes estudiantes?

EJEMPLO *Lupe / guitarrista que / tocar...*
> **Lupe prefiere un guitarrista que toque música española.** o
> **Lupe desea un guitarrista que toque música española.**

1. Ramón / decoraciones que / tener...

   _____

   _____

2. Carlos / refrescos que / representar...

   _____

   _____

3. Concepción / artesanías que / venir...

   _____

   _____

4. Tomás / música que / ser...

   _____

   _____

5. profesora / que los estudiantes / ponerse...

   _____

   _____

6. Carmen / comida que / no necesitar...

   _____

   _____

Nombre _____

Fecha _____

¡DIME!
DOS

UNIDAD 7
LECCIÓN 2

¡A ESCRIBIR!

F **Los nuevos estudiantes...** Es el primer día de clases y los profesores hablan sobre los estudiantes que tienen o que prefieren. ¿Qué dicen?

MODELO   *Preferimos estudiantes que **estudien** (estudiar).*   o
         *Tengo tres estudiantes que nunca **estudian** (estudiar).*

1. Necesito jóvenes que _____ (poder) pensar.

2. Busco a chicos que no _____ (tener) miedo de

   un profesor exigente.

3. Tengo una chica que _____ (hablar) tres idiomas.

4. Preferimos chicos que _____ (ser) corteses.

5. Quiero estudiantes que _____ (hacer) preguntas

   inteligentes.

6. Me encontré con gemelos que _____ (venir)

   de China.

7. Necesitamos jugadores de baloncesto que _____

   (jugar) bien.

8. Conocemos a unos chicos que _____ (ir) a

   estudiar ruso.

Nombre _____

Fecha _____

¡DIME! DOS

UNIDAD 7
LECCIÓN 2

VOCABULARIO PERSONAL

In this lesson you learned how to express probability and improbability and to talk about unknown entities. You have also learned the new vocabulary listed below as well as additional vocabulary. Write all the vocabulary you have already learned under each category and add any new vocabulary that you found particularly useful in this lesson.

Para expresar probabilidad e improbabilidad

_____   _____

_____   _____

_____   _____

_____   _____

_____   _____

Para hablar de cosas o personas desconocidas

_____   _____

_____   _____

_____   _____

_____   _____

_____   _____

Empleo

capacitado(a) _____   mecanografía _____

clasificado(a) _____   requerir _____

empleo _____   repartir _____

emplear _____   salario _____

escribir a máquina _____   solicitar _____

gerente *(f. / m.)* _____   taquigrafía _____

_____   _____

_____   _____

Palabras y expresiones

fuera _____

espectáculo _____

categoría _____

_____

_____

_____

_____

_____

_____

previo _____

venta _____

_____

_____

_____

_____

_____

_____

Nombre _____

Fecha _____

¡DIME!
DOS

UNIDAD 7
LECCIÓN 3

¡A ESCUCHAR!

A　**De regreso.** Felipe acaba de volver de un viaje a Sudamérica y está compartiendo sus experiencias con la clase de español. Lee las siguientes oraciones y posibles terminaciones. Luego escucha lo que dice Felipe y selecciona la mejor respuesta. Escucha una vez más para verificar tus respuestas.

1. Se cena más (temprano / tarde).

2. Se come (más / menos) fuerte al mediodía.

3. Se cierran algunas oficinas durante (el almuerzo / la cena).

4. Se asiste a las clases (cinco / seis) días a la semana.

5. Se toman (más / menos) clases en los colegios.

6. Se usa más el transporte (público / privado).

7. Se pasea más (en coche / a pie).

8. Se va al cine muy (temprano / tarde).

B　**¿Para qué?** Un extraterrestre, de visita en la casa de Rosario, quiere saber para qué sirven ciertas cosas. Escucha las explicaciones de Rosario y escribe el nombre de lo que describe. Escucha una vez más para verificar tus respuestas.

1. _____

2. _____

3. _____

4. _____

5. _____

C **¿Para quién?** Trabajas en la oficina de la escuela y tienes que llevarles a varias personas que están en clase unos objetos que estas personas habían olvidado. Para recordar de quién es cada cosa, escribe una lista. Escucha lo que dice la secretaria y completa la información. Escucha una vez más para verificar tu lista.

Objeto	Persona	Sala
cuaderno	Juan Gómez	
	Yoli Lara	laboratorio
libro de historia		23
	Susana Llano	
		8
	profesora Torres	

CH **Entrevista.** Rogelio acaba de graduarse del colegio y ahora solicita empleo. Lee las oraciones y las posibles terminaciones que aparecen a continuación. Luego escucha una de sus entrevistas y selecciona la mejor terminación. Escucha una vez más para verificar tus respuestas.

1. Rogelio busca trabajo de...

   a. locutor de radio

   b. recepcionista

   c. camarero

   ch. secretario

2. Rogelio quiere trabajar para...

   a. una estación de radio

   b. un restaurante

   c. un hotel

   ch. una compañía

3. Rogelio puede...

   a. usar computadora

   b. trabajar sólo de día

   c. hablar inglés

   ch. a, b y c

4. El empleo ofrece...

   a. comida gratis

   b. un sueldo muy alto

   c. oportunidades para avanzar

   ch. muchos días de vacaciones

5. La señorita Reyes va a...

   a. emplear a Rogelio enseguida

   b. ofrecerle el trabajo a otro

   c. ser la gerente de Rogelio

   ch. llamar a Rogelio

Nombre _____

Fecha _____

¡DIME!
DOS

UNIDAD **7**
LECCIÓN **3**

¡A ESCUCHAR!

Estrategia para escuchar

Cómo anticipar el contenido

D

Una dieta saludable. Al escuchar, formamos una idea de lo que vamos a oír. Por eso, si no oímos bien una palabra, la podemos adivinar. Vas a escuchar un programa de radio con algunas palabras incomprensibles. Cuando no oigas bien una palabra, escoge de las siguientes palabras la más probable. Escucha una vez más para verificar tus respuestas.

MODELO Escuchas: *Por desgracia, ponerse a dieta o llevar una [sssss]*
balanceada no tiene muy buena reputación.
Ves: *vida / dieta*
Escoges: **dieta**

1. peso / tiempo

2. semana / día

3. ejercicio / dieta

4. semanas / horas

5. comiendo / caminando

6. grasa / calor

7. cambios / ejercicios

8. negativa / positiva

Escuchemos un cuento

E

Un refrán. Lee las oraciones que aparecen a continuación. Luego escucha esta historia e indica si las oraciones son **Ciertas (C)** o **Falsas (F).**
Escucha una vez más para verificar tus respuestas.

C   F   1. El señor hablaba mucho.

C   F   2. El señor no quería hablar con personas desconocidas.

C   F   3. Al señor le gustaba escuchar los comentarios de sus vecinos.

C   F   4. El señor decía cosas aburridas.

C   F   5. Nadie criticaba al señor.

C   F   6. Un día el señor se compró un buey.

C   F   7. El buey no quiso abrir la boca.

C   F   8. Todos pensaban que el buey era tan interesante como el señor.

Nombre _____

Fecha _____

UNIDAD **7**
LECCIÓN **3**

¡DIME!
DOS

¡A ESCRIBIR!

A   **Requisitos.** Escribe dos requisitos de los puestos que considera Tina según indican los anuncios clasificados en la página 373 del texto.

Temporeros(as):

_____

_____

La Hamburguesa Gorda:

_____

_____

Vendedores:

_____

_____

Operadores(as):

_____

_____

B **En el hospital.** ¿Qué les dice la enfermera a los visitantes del hospital?

MODELO

Por favor, no grites. Aquí se prohibe gritar.

1. _____

_____

2. _____

_____

3. _____

_____

4. _____

_____

5. _____

_____

6. _____

_____

7. _____

_____

8. _____

_____

C **¡Todo se prohibe!** ¿Qué se prohibe en tu escuela?

EJEMPLO **Se prohibe pelear.**

1. _____

2. _____

3. _____

4. _____

5. _____

6. _____

CH **¿Zapatos?** ¿Qué se vende en las siguientes tiendas?

MODELO *zapatería*
    En la zapatería se venden zapatos.

1. frutería _____

2. tortillería _____

3. lechería _____

4. pastelería _____

5. joyería _____

6. botonería _____

7. librería _____

8. papelería _____

9. sombrerería _____

10. carnicería _____

Nombre _____

Fecha _____

¡DIME!
DOS

UNIDAD 7
LECCIÓN 3

¡A ESCRIBIR!

D **¿Para qué?** ¿Para qué son los siguientes objetos?

MODELO

¿Eso? Es para cortar el césped.

1. _____

_____

2. _____

_____

3. _____

_____

4. _____

_____

5. _____

_____

6. _____

_____

7. _____

_____

Nombre _____

Fecha _____

¡DIME!
DOS

UNIDAD **7**
LECCIÓN **3**

¡A ESCRIBIR!

G **¡Todos trabajaron!** Los miembros del Club de Español consiguieron bastante dinero para su viaje a México. Todos hicieron quehaceres para los profesores o para sus padres. ¿Para quiénes trabajaron los siguientes estudiantes?

MODELO   **Joselito limpió las ventanas para el Sr. Almeira.**

| Gloria y Ana
yo
Joselito
Miguel y Terencio
tú
Beatriz
nosotros | Sr. Flores
padres
directora
Srta. Rivera
Sr. Almeira
Sra. Castillo
entrenador | sacar la basura
barrer el patio
pasar un trapo
lavar el carro
borrar la pizarra
plantar flores
preparar una comida
pasar la aspiradora
limpiar las ventanas
arreglar los libros |

1. _____

2. _____

3. _____

4. _____

5. _____

6. _____

7. _____

8. _____

9. _____

H **Letrero.** Diseña un letrero para un evento en tu escuela. Recuerda incluir la mayor cantidad de información necesaria (fecha, requisitos, oportunidades, lugar, etc.)

Nombre _____

Fecha _____

¡DIME!
DOS

UNIDAD 7
LECCIÓN 3

VOCABULARIO PERSONAL

In this lesson you learned how to compare job descriptions, identify job requirements and state rules and regulations. You have also learned the new vocabulary listed below as well as additional vocabulary. Write all the vocabulary you have already learned under each category and add any new vocabulary that you found particularly useful in this lesson.

Para comparar puestos

_____   _____

_____   _____

_____   _____

_____   _____

_____   _____

_____   _____

Para identificar requisitos de empleo

_____   _____

_____   _____

_____   _____

_____   _____

_____   _____

_____   _____

Para expresar reglas y reglamentos

_____   _____

_____   _____

_____   _____

_____   _____

_____   _____

_____   _____

Empleo

calificación

operador(a)

empresa

referencia

recepcionista *(m. / f.)*

entrenamiento

requisito

pagado

puntualidad

solicitud

Palabras y expresiones

necio(a)

entrevistador(a)

promedio

reciente

Nombre _____

Fecha _____

UNIDAD **7**
LECCIÓN **3**

¡DIME!
DOS

CON LA PALABRA EN LA BOCA

Familias de palabras: -ción y -sión

A Escribe el equivalente en inglés de las siguientes palabras. Luego indica lo que tienen en común todas las palabras en español y en inglés.

_____ acción

_____ atracción

_____ satisfacción

_____ perfección

_____ protección

En español, todas estas palabras terminan en: _____

En inglés, todas estas palabras terminan en: _____

¿Qué regla puedes deducir de la relación entre muchas palabras que terminan en **-cción** en español y en **-ction** en inglés?

_____

_____

B Ahora escribe el equivalente en inglés de las siguientes palabras. Luego indica lo que estas palabras en español y en inglés tienen en común.

_____ conclusión

_____ conversión

_____ extensión

_____ opresión

_____ profesión

En español, todas estas palabras terminan en: _____

En inglés, todas estas palabras tienen: _____

¿Qué regla puedes deducir de la relación entre muchas palabras que
terminan en **-sión** en español y en **-sion** inglés?

_____

_____

Escribe en inglés las palabras que aparecen a continuación:

_____   agresión

_____   contracción

_____   compulsión

_____   transacción

_____   progresión

_____   restricción

Escribe en español las palabras que aparecen a continuación:

_____   construction

_____   confusion

_____   intersection

_____   exclusion

_____   reproduction

_____   remission

Nombre _____

Fecha _____

¡DIME! DOS

UNIDAD 8
LECCIÓN 1

¡A ESCUCHAR!

A **Lo de siempre.** A la familia Benítez le gusta ir de vacaciones a la playa y cada persona tiene actividades favoritas. Escucha lo que dice Carla e indica qué va a hacer cada persona. Escucha una vez más para verificar tus respuestas.

	mamá	*papá*	*Carla*	*Raúl*
bailar				
nadar				
leer				
jugar al volibol				
ir de compras				
pasear en bicicleta				
subirse a la montaña rusa				
cenar				
dormir				

¿Qué tiempo hará? Escucha el siguiente pronóstico del tiempo. Luego, escribe la(s) letra(s) del tiempo que se anticipa al lado del nombre de la región correspondiente. Escucha una vez más para verificar tus respuestas.

| Valle Central | _____ | Costa | _____ |
| Montañas | _____ | Desierto | _____ |

C

¿Qué pasará? Iliana está llegando al final de **¡Dime! Dos** y tiene algunas predicciones sobre el futuro de los personajes. Escucha lo que dice y completa la información. Escucha una vez más para verificar tus notas.

MODELO   Escuchas: *Chela estará muy contenta trabajando de bióloga en su pueblo natal. Hará experimentos biológicos en el Lago Maracaibo. En su tiempo libre, correrá con su perro.*

Escribes: **bióloga** y **correr con su perro** en el cuadro que aparece a continuación.

Nombre	*Profesión*	*Pasatiempos*
Chela	bióloga	correr con su perro
Luis		
Meche		
Diana		
Daniel		
Martín		
Tina		
Margarita		

© D.C. Heath and Company

Nombre _____

Fecha _____

¡DIME!
DOS

UNIDAD **8**
LECCIÓN **1**

¡A ESCUCHAR!

CH **Planes.** Antonio está hablando de sus planes para el verano. Escucha lo que dice e indica la secuencia cronológica de las escenas, escribiendo los números del 1 al 6 debajo de los dibujos. Escucha una vez más para verificar tus respuestas.

A

_____

CH

_____

B

_____

D

_____

C

_____

E

_____

En diez años. En la fiesta de graduación, Catalina y Alberto están conversando sobre el futuro. Lee las oraciones que aparecen a continuación. Luego escucha lo que dicen e indica si las oraciones son **Ciertas (C)** o **Falsas (F)**. Escucha una vez más para verificar tus respuestas.

C   F   **1.** Catalina y Alberto están hablando de sus carreras.

C   F   **2.** Catalina piensa que Alberto será un hombre importante.

C   F   **3.** Según Catalina, Alberto tendrá casas en muchos lugares.

C   F   **4.** Alberto cree que Catalina hará descubrimientos importantes.

C   F   **5.** Según Alberto, Catalina será enfermera.

C   F   **6.** Pedro es una persona cómica.

C   F   **7.** Según Catalina, Marta tendrá un nombre especial.

C   F   **8.** Catalina piensa que Marta será cantante de ópera.

C   F   **9.** Catalina cree que Marta será rica.

C   F   **10.** Según Catalina, se va a celebrar el aniversario en casa de Pedro.

Nombre _____

Fecha _____

¡DIME!
DOS

UNIDAD **8**
LECCIÓN **1**

¡A ESCRIBIR!

A **¿Qué decimos...?** Completa los siguientes comentarios hechos por Tina, Margarita, Daniel, Martín y Mateo en la fotonovela o video de esta lección.

compré	estarás	estaré
iremos	jugará	podré
solicitaré	tendré	iré

1. Si trabajo tiempo completo durante el verano, _____

   comprar mi carro en septiembre.

2. Creo que _____ con "Viva El Paso".

3. Tú _____ trabajando de noche y yo de día.

4. Nuestro equipo _____ en el campeonato del estado.

5. Supongo que _____ a acampar con mi familia, como

   de costumbre.

6. Esta vez _____ todos juntos, menos Daniel.

7. En junio _____ que hacer todos los preparativos.

8. ¡_____ allí cinco semanas!

9. Mira lo que te _____ para tu viaje.

B **¿Qué haremos?** Tú y tus amigos participarán en muchas actividades este verano. Escribe lo que harán las siguientes personas.

MODELO *Simón* _____**nadará**_____ *(nadar) este verano.*

1. Lucía y Miguel _____ (ir) al parque de diversiones.

2. Nosotros _____ (acampar) en las montañas.

3. Alejandro _____ (descansar) todo el verano.

4. Tú _____ (jugar) tenis todos los días.

5. Las hermanas Durán _____ (leer) novelas.

6. Chucho _____ (trabajar) en "Pollo Pronto".

7. Yo _____ (pasear) en bicicleta todos los días.

8. Isabel _____ (viajar) a México.

¿Qué harán? Después de recibir el grado del colegio, ¿qué harán tú y tus amigos?

MODELO

Nosotros
Trabajaremos en un hospital.

1. mi mejor amigo...y yo

_____

_____

2. tú

_____

_____

3. mis amigas...y...

_____

_____

4. mi amiga...

_____

_____

5. yo

_____

_____

6. mi amigo...

_____

_____

7. Ángel y Quico

_____

_____

8. tú y yo

_____

_____

CH **¿Cuándo saldrán?** La reunión familiar de Alicia terminó anoche con un gran baile. Hoy todos sus parientes están haciendo planes para regresar a sus casas. ¿Cuándo saldrán estas personas de la casa de Alicia?

MODELO *La tía de Alicia* ___**saldrá**___ *a las siete y media.*

1. Los abuelos _____ a las ocho de la mañana.

2. Yo _____ a las diez y media.

3. Los tíos de Los Ángeles _____ el jueves.

4. Mi prima Claudia _____ a las nueve.

5. Mamá _____ a las once.

6. Todos nosotros _____ temprano.

D **El proyecto final.** Todos los estudiantes de cuarto año tienen que hacer un proyecto final para graduarse. ¿Qué harán estos estudiantes?

MODELO *Carlos y yo* ___**haremos**___ *un estudio sobre Irán.*

1. Yo _____ un proyecto en la computadora.

2. Clarisa _____ un experimento químico.

3. Los jugadores de fútbol americano _____ una comparación con el fútbol de la América Latina.

4. Tú _____ un estudio sobre la economía de México.

5. Margarita y Teodoro _____ un proyecto de arte.

6. Ignacio _____ un modelo de Teotihuacán, la ciudad de los dioses.

7. Mercedes y Marilú _____ entrevistas con cinco familias chicanas.

8. Nosotros _____ un estudio sobre la comida méxico-americana.

Nombre _____

Fecha _____

¡DIME!
DOS

UNIDAD **8**
LECCIÓN **1**

¡A ESCRIBIR!

E   **¡Una casa nueva!** Tu familia acaba de comprar una casa nueva. Ahora, tú y tu mejor amigo(a) están hablando de cómo van a organizarla. Contesta las preguntas que ellos hacen según el modelo.

MODELO

¿Dónde vas a poner el trofeo?
Probablemente lo pondré sobre el televisor.

1. ¿Dónde va a poner los libros tu papá?

_____

_____

2. ¿Dónde van a poner el televisor?

_____

_____

3. ¿Dónde vas a poner tus cuadernos?

_____

_____

4. ¿Dónde va a poner tu mamá su lámpara favorita?

_____

_____

5. ¿Dónde vas a poner la mochila?

_____

_____

6. ¿Dónde van a poner las bicicletas?

_____

_____

Nombre _____

Fecha _____

¡DIME!
DOS

UNIDAD **8**
LECCIÓN **1**

¡A ESCRIBIR!

F   **En la cafetería.** Imagínate que algunos estudiantes de tu escuela hablan de lo que van a hacer en el futuro. Completa lo que dicen según el modelo.

MODELO   *mi amigo... / ser artista de cine*
        Mi amigo Lorenzo será artista de cine.

1. mi amiga... / tener que viajar a Europa muchísimo

_____

_____

2. mis amigas...y... / descubrir cura para el SIDA

_____

_____

3. mis amigos...y... / hacer artesanías muy hermosas

_____

_____

4. mi amigo... / hacer una Proclamación de Paz Mundial

_____

_____

5. mis amigos...y... / saber hablar español

_____

_____

6. mi amiga... / ser miembro del Congreso

_____

_____

7. mi amigo... / ponerse a dieta

_____

_____

8. mis amigos...y... / ser abogado

_____

_____

G **Después de la fiesta.** ¿Qué harán estos estudiantes después de la fiesta?

MODELO   **Lupe querrá ayudar a Joaquín.**

Joaquín
Olga y Susana
yo
Rafaela
los chicos peruanos
tú
Lupe
nosotros
Ramón y Clorinda

limpiar la sala
querer ayudar a Joaquín
sacar la basura
barrer el piso
poner los muebles en su lugar
venir a ayudar
servirles refrescos a todos
salir a la una de la mañana
decir "buenas noches"
lavar los platos
descansar

1. _____

_____

2. _____

_____

3. _____

_____

4. _____

_____

5. _____

_____

6. _____

_____

7. _____

_____

8. _____

_____

Nombre _____

Fecha _____

¡DIME!
DOS

UNIDAD **8**
LECCIÓN **1**

VOCABULARIO PERSONAL

In this lesson you learned how to discuss future plans and make predictions. You have also learned the new vocabulary listed below as well as additional vocabulary. Write all the vocabulary you have already learned under each category and add any other vocabulary that you found particularly useful in this lesson.

Para comentar planes futuros

_____ _____

_____ _____

_____ _____

_____ _____

_____ _____

_____ _____

Para comentar actividades futuras

_____ _____

_____ _____

_____ _____

_____ _____

_____ _____

_____ _____

Para predecir

_____ _____

_____ _____

_____ _____

_____ _____

_____ _____

El futuro

anticipación _____

curiosidad _____

_____

_____

_____

_____

predecir _____

predicción _____

_____

_____

_____

_____

Verbos en el futuro

competir _____

correr _____

decir _____

discutir _____

dormir _____

haber _____

hacer _____

nadar _____

_____

poder _____

poner _____

querer _____

salir _____

tener _____

venir _____

ver _____

_____

Palabras y expresiones

dormilón(a) _____

pañuelo _____

¡qué envidia! _____

_____

_____

_____

_____

_____

_____

Nombre _____

Fecha _____

¡DIME!
DOS

UNIDAD **8**
LECCIÓN **2**

¡A ESCUCHAR!

A **Al empacar.** Francisca va a pasar el fin de semana en Puerto Escondido. Escucha la conversación e indica las prendas de ropa que su hermana Mónica le recomienda que lleve. Escucha una vez más para verificar tus respuestas.

____ camiseta

____ cámara

____ cepillo de dientes y pasta dental

____ champú

____ chaqueta

____ loción protectora

____ pantalones cortos

____ ropa formal

____ ropa interior

____ sandalias

____ sombrero

____ toalla

____ traje de baño

B **Candidato.** Xavier quiere ser presidente del Club de Español. Lee las siguientes oraciones. Luego escucha su discurso y escribe las palabras que faltan. Escucha una vez más para verificar tus respuestas.

1. Tendríamos más _____.

2. Saldríamos a _____.

3. Conozco a muchos _____.

4. Vendrían más _____ a nuestras

   actividades.

5. Podría preparar un álbum de _____.

6. Pondría más _____ en el periódico

   estudiantil.

7. Organizaría intercambios de _____ con

   otras escuelas.

8. Yo sería un _____ magnífico.

¡Fiesta! Estas personas están haciendo preparativos para una fiesta esta noche. Indica si lo que dicen es un mandato o no. Escucha una vez más para verificar tus respuestas.

	Mandato	No es mandato
1.	☐	☐
2.	☐	☐
3.	☐	☐
4.	☐	☐
5.	☐	☐
6.	☐	☐
7.	☐	☐
8.	☐	☐

El año que viene. Oyes a varias personas hablar del próximo año escolar. Escucha los comentarios e indica si reflejan una actitud **positiva (+)** o **negativa (–)**. Escucha una vez más para verificar tus respuestas.

	+	–
2.	+	–
3.	+	–
4.	+	–
5.	+	–
6.	+	–
7.	+	–
8.	+	–

Nombre _____

Fecha _____

¡DIME!
DOS

UNIDAD **8**
LECCIÓN **2**

¡A ESCUCHAR!

D **Consejos.** La consejera de la escuela está hablando con Paco, Ernesto y Clara sobre sus planes para el futuro. Lee las oraciones y posibles terminaciones que aparecen a continuación. Luego escucha la conversación y selecciona la mejor terminación. Escucha la conversación una vez más para verificar tus respuestas.

1. El año que viene, Paco piensa...

   a. asistir a la universidad

   b. ayudar a su familia

   c. graduarse

   ch. a, b y c

2. La consejera le recomienda a Paco que...

   a. asista a la universidad

   b. busque un trabajo en una oficina

   c. busque un trabajo que le interese

   ch. trabaje para una compañía que pague bien

3. Ernesto tiene preguntas sobre...

   a. su carrera futura

   b. las clases

   c. la universidad

   ch. a, b y c

4. La consejera recomienda que los estudiantes universitarios...

   a. tomen clases en muchas áreas

   b. seleccionen su carrera el primer año

   c. investiguen futuros trabajos

   ch. a, b y c

5. Clara ya estudió...

   a. en la universidad

   b. en un instituto politécnico

   c. ingeniería

   ch. computación

Nombre _____

Fecha _____

¡DIME!
DOS

UNIDAD **8**
LECCIÓN **2**

¡A ESCRIBIR!

A   **¿Qué decimos?** La siguiente es una lista de todo lo que Daniel cree que necesita para su viaje a Venezuela. Ayúdalo a seleccionar lo que necesita llevar. Puedes empezar organizando la lista según las categorías.

bata
calcetines
camisas blancas
camisetas
cepillo de dientes
cepillo para el pelo
champú
chaqueta
corbatas
loción protectora
pantalones
pantalones cortos

pasta dental
peine
piyamas
rasuradora
ropa interior
saco
sandalias
toalla
traje
traje de baño
zapatillas
zapatos

Para salir

_____

_____

_____

_____

_____

Ropa para la playa

_____

_____

_____

_____

_____

Ropa informal

_____

_____

_____

_____

Para dormir

_____

_____

_____

Otros artículos

_____

_____

_____

_____

_____

_____

Gustos. ¿Qué leerían los miembros de tu familia si no tuvieran nada que hacer hoy?

MODELO   *abuelo / periódico*
Mi abuelo leería el periódico.

1. tía Carolina / novelas históricas

_____

_____

2. primos / revistas cómicas

_____

_____

3. abuela / novelas románticas

_____

_____

4. mamá y papá / revistas de arquitectura

_____

_____

5. yo / novelas policíacas

_____

_____

6. mi hermanita / "La bella y la bestia".

_____

_____

7. tío David / libros técnicos

_____

_____

8. nosotros / libros de poesía

_____

_____

Nombre _____

Fecha _____

¡DIME!
DOS

UNIDAD **8**
LECCIÓN **2**

¡A ESCRIBIR!

C   **Vacaciones.** ¿Qué harían tú y tus amigos si tuvieran vacaciones la semana que viene? Completa cada oración según el modelo.

MODELO   *Yo* ___**visitaría**___ *(visitar) a mis abuelos en Arizona.*

1. Pablo _____ (pasear) en bicicleta.

2. Tú _____ (nadar) todos los días.

3. Nosotros _____ (divertirse) mucho.

4. Raquel y Mercedes _____ (ir) de compras.

5. Yo _____ (practicar) karate.

6. Los hermanos Montes _____ (jugar) golf.

7. Rosalía _____ (comprar) ropa nueva.

8. Beto y yo _____ (ir) al parque de diversiones.

CH   **Una poción mágica.** Benito se imagina lo que él y sus amigos podrían hacer después de tomar una poción mágica. Indica lo que ellos podrían hacer.

MODELO   **Rafael y Toño podrían cantar en una ópera.**

Teresa yo Alejandro nosotros Beatriz y Silvia tú Rafael y Toño los hermanos Rivera Eduardo y yo	bailar el tango jugar tenis profesionalmente cantar en una ópera usar la computadora subir el cerro Aconcagua construir un carro esquiar en los Andes acampar en el invierno ser presidente manejar en un carro fórmula uno hablar ocho idiomas

1. _____

   _____

2. _____

   _____

3. _____

   _____

4. _____

   _____

5. _____

   _____

6. _____

   _____

7. _____

   _____

8. _____

   _____

Nombre _____

Fecha _____

¡DIME!
DOS

UNIDAD **8**
LECCIÓN **2**

¡A ESCRIBIR!

D **Cambios.** Si fueras alcalde de tu pueblo o ciudad, ¿qué cambios habría?

MODELO *gente / venir / escuchar mis proclamaciones*
La gente vendría a escuchar mis proclamaciones.

1. estudiantes / saber / tanto como los profesores

_____

_____

2. solamente haber / clases dos días / semana

_____

_____

3. poder / tener fiestas todos los meses

_____

_____

4. estudiantes / venir / la escuela a las diez

_____

_____

5. nosotros / tener / ositos de peluche

_____

_____

6. todos los estudiantes / decir / la verdad

_____

_____

7. padres / salir / del trabajo a las cuatro de la tarde

_____

_____

8. nadie / no / querer / salir del pueblo

_____

_____

E **Estudiante de intercambio.** Tu amiga Sofía viajará a España como estudiante de intercambio. ¿Qué consejos le puedes dar?

MODELO   *hacer una lista de cosas para llevar*
      Haz una lista de cosas para llevar. o
      No hagas una lista de cosas para llevar.

1.   llevar regalos para cada miembro de la familia

_____

_____

2.   escribir tarjetas a sus hermanos

_____

_____

3.   ser cortés

_____

_____

4.   llevar ropa formal

_____

_____

5.   divertirse mucho

_____

_____

6.   hablar español lentamente

_____

_____

7.   traer tu osito de peluche

_____

_____

8.   ayudar con los quehaceres de la casa

_____

_____

9.   comprar muchas cosas

_____

_____

Nombre

Fecha

¡DIME!
DOS

UNIDAD **8**
LECCIÓN **2**

¡A ESCRIBIR!

F **El campeonato.** Antes del campeonato de natación, el entrenador les da consejos a todos los miembros del equipo. ¿Qué les dice?

darles sus relojes a sus padres
no tener miedo
divertirse
ir a la piscina temprano

practicar tres horas
venir temprano mañana
ponerse los trajes morados
no estar nervioso
traer unas toallas

MODELO **Vengan temprano mañana.**

1. _____
2. _____
3. _____
4. _____
5. _____
6. _____
7. _____
8. _____

G **El campamento.** Es la primera vez que la profesora va a acampar con los niños del cuarto grado. ¿Qué preguntas les hace a sus alumnos y qué sugerencias le dan a ella los niños?

MODELO

llevar
¿Llevo un saco de dormir?
Sí, llévelo. o **No, no lo lleve.**

traer

1. _____

_____

dejar

2. _____

_____

aprender a armar

3. _____

_____

preparar

4. _____

_____

leer

5. _____

_____

llevar

6. _____

_____

caminar

7. _____

_____

_____

llevar

8. _____

_____

Nombre _____

Fecha _____

¡DIME!
DOS

UNIDAD 8
LECCIÓN 2

¡A ESCRIBIR!

H   **¿Quién sabe más?** ¿Cómo contestan tus preguntas estos estudiantes que participan en un concurso de geografía por la televisión?

MODELO   *La tierra es redonda. / Dudo que...*
        Dudo que la tierra sea redonda.

1. La Tierra tiene miles de años. / Creo que...

_____

_____

2. Hay ruinas marcianas en la Tierra. / Dudo que...

_____

_____

3. No puede viajar hacia el Oeste para llegar a China. / Dudo que...

_____

_____

4. No hay montañas en las Américas. / Sé que...

_____

_____

5. Los océanos de la Tierra son pequeños. / No creo que...

_____

_____

6. El viaje de Cristóbal Colón es ficción. / No creo que...

_____

_____

7. Nadie vive en las Américas. / Dudo que...

_____

_____

8. Europa es el único continente. / Creo que...

_____

_____

¡Extra! ¡Extra! ¿Cómo reaccionarías tú a las siguientes noticias que aparecieron en el periódico de tu escuela?

MODELO   *Es bueno que...* **el señor Díaz viaje a Buenos Aires.**

ESCUELA CERRADA HOY

JUGADORES DE BALONCESTO PIERDEN EL CAMPEONATO

EXPOSICIÓN EN EL MUSEO DE ARTE

Lilia Torres Consigue Trabajo en Pollo Pronto

150 estudiantes nuevos en el colegio

TRES EXÁMENES MAÑANA

Director de la escuela da $25,000

Mercedes Campo aprende Japonés

1. Me alegro de que...

_____

2. Es triste que...

_____

3. Es bueno que...

_____

4. Es malo que...

_____

5. Es interesante que...

_____

6. Es bueno que...

_____

7. Es terrible que...

_____

8. Me alegro de que...

_____

Nombre _____

Fecha _____

¡DIME!
DOS

UNIDAD **8**
LECCIÓN **2**

¡A ESCRIBIR!

J   **¡El premio!** Tu profesora de español ganó un premio de $25,000 dólares. ¿Qué recomiendas que haga con el dinero?

MODELO

Recomiendo que...
dé dinero a su universidad.

1. Sugiero que...

_____

_____

2. Es necesario que...

_____

_____

3. Quiero que...

_____

_____

4. Insisto en que...

_____

_____

5. Prefiero que...

_____

_____

6. Es preciso que...

_____

_____

Nombre _____

Fecha _____

¡DIME!
DOS

UNIDAD **8**
LECCIÓN **2**

VOCABULARIO PERSONAL

In this lesson you learned how to speculate and you reviewed how to give orders and advice, make suggestions, and express opinions and doubts. You have also learned the new vocabulary listed below as well as additional vocabulary. Write all the vocabulary you have already learned under each category and add any other vocabulary that you found particularly useful in this lesson.

Para especular

_____   _____

_____   _____

_____   _____

_____   _____

_____   _____

_____   _____

Para dar consejos

_____   _____

_____   _____

_____   _____

_____   _____

_____   _____

_____   _____

Para dar mandatos

_____   _____

_____   _____

_____   _____

_____   _____

_____   _____

Para dar opiniones

_____ _____

_____ _____

_____ _____

_____ _____

Empacar

cepillo de dientes _____ rasuradora _____

champú _(m.)_ _____ sandalias _____

pantalones cortos _(m.)_ _____ toalla _____

pasta dental _____ saco _____

peine _(m.)_ _____ corbata _____

piyamas _____ traje de baño _(m.)_ _____

Verbos en el condicional

decir _____ poner _____

haber _____ querer _____

hacer _____ saber _____

llevar _____ salir _____

mejorar _____ ser _____

pedir _____ tener _____

poder _____ venir _____

_____ _____

Palabras y expresiones

dentro de _____ por si acaso _____

especial _____ vuelo _____

_____ _____

_____ _____

A **Anuario.** Alma está mirando el anuario de su colegio. Escucha lo que dice e indica en el cuadro apropiado las actividades en las que participaron sus compañeros. Escucha una vez más para verificar tus respuestas.

	Alma	*Víctor*	*Gloria*	*Jaime*
jugar golf				
participar en un drama				
cantar en el coro				
tocar en la banda				
preparar una exhibición				
hacer una excursión				
ganar un trofeo				
recibir un premio				

B **De niños.** Fernando, un mexicano americano, y su amiga venezolana, Cristina, están hablando de lo que hacían de niños. Escribe las actividades de cada persona en el círculo correspondiente y las actividades que tienen en común en la intersección de los círculos. Escucha una vez más para verificar tus respuestas.

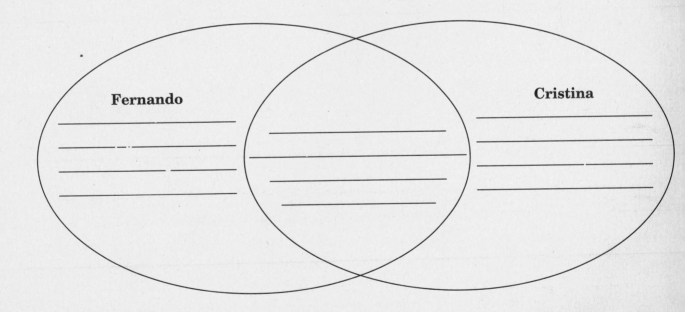

Fernando

Cristina

C **Carta oral.** Mario está de vacaciones en Puerto Rico. Lee las siguientes frases. Luego escucha la casete que Mario le mandó a su familia e indica la secuencia cronológica de las actividades, escribiendo números del 1 al 9 en los espacios en blanco. Escucha una vez más para verificar tus respuestas.

_____ ver sapos interesantes

_____ decidir explorar la isla

_____ ver edificios coloniales

_____ conocer San Juan

_____ visitar otras islas

_____ ir de compras y nadar

_____ subir una torre

_____ ir a Mayagüez

_____ ir a una montaña

CH **Viaje.** Un grupo de estudiantes va a viajar a Argentina. Escucha sus comentarios e indica si reflejan una actitud **positiva (+)** o **negativa (–).** Escucha una vez más para verificar tus respuestas.

1.   +   –

2.   +   –

3.   +   –

4.   +   –

5.   +   –

6.   +   –

7.   +   –

8.   +   –

Nombre _____

Fecha _____

¡DIME!
DOS

UNIDAD **8**
LECCIÓN **3**

¡A ESCUCHAR!

Estrategia para escuchar

Cómo visualizar el contenido

D   **Un corrido. Benjamín Argumedo.** ¿Cuánto sabes de la revolución mexicana? Vas a escuchar un corrido que cuenta lo que le pasó a un revolucionario muy popular, Benjamín Argumedo, cuando lo encontraron sus enemigos. Antes de escuchar el corrido estudia la ruta indicada en el mapa que figura a continuación.

Un corrido. Al escuchar, formamos una imagen de lo que oímos. Esto nos ayuda a comprender el contenido, además de hacerlo más vívido e interesante. Vas a escuchar un corrido de la revolución mexicana. Trata de visualizar lo que está pasando y luego indica la secuencia cronológica de los dibujos, escribiendo los números del 1 al 6 debajo de los mismos. Escucha una vez más para verificar tus respuestas.

Escuchemos un cuento

E   **Una familia de peces.** Lee las siguientes oraciones. Luego escucha el cuento e indica si las oraciones son **Ciertas (C)** o **Falsas (F).** Escucha una vez más para verificar tus respuestas.

C   F   **1.** Los peces pacíficos vivían en el norte.

C   F   **2.** Los peces vivían felices.

C   F   **3.** Llegaron unos peces grandes y simpáticos.

C   F   **4.** Los peces grandes se rieron de los demás peces.

C   F   **5.** Los peces pacíficos se fueron de su casa.

C   F   **6.** El dios del mar oyó los gritos de los peces.

C   F   **7.** Los peces pacíficos cambiaron mucho.

C   F   **8.** Las pirañas se comieron a los peces pacíficos.

Nombre _____

Fecha _____

UNIDAD **8**
LECCIÓN **3**

¡DIME!
DOS

¡A ESCRIBIR!

A **¿Qué decimos...?** ¿Qué impresión tuvo Daniel de Venezuela? Selecciona la(s) palabra(s) apropiada(s) para completar cada oración.

bonitos	fantástica	enorme
impresionante	interesante	pintoresco
riquísima	sabrosas	super moderno

1. ¡Caracas es una ciudad _____!

2. El metro es más _____ que el autobús.

3. ¡La comida aquí es _____!

4. Las arepas son muy _____.

5. Los parques aquí son muy _____.

6. Fuimos a un centro comercial _____.

7. El centro comercial es _____.

8. ¡Qué _____ es el Salto Ángel!

9. El Hatillo es un pueblo muy _____.

10. La tía de Luis nos preparó una cena _____.

El periódico escolar. Estos dibujos aparecieron en el periódico de ayer.
Indica lo que sucedió.

MODELO

Sofía y Eva llegaron de un viaje a España.

1. _____

_____

2. _____

_____

3. _____

_____

Nombre

Fecha

¡DIME!
DOS

UNIDAD **8**
LECCIÓN **3**

¡A ESCRIBIR!

4. _____

_____

5. _____

_____

6. _____

_____

7. _____

_____

Siempre era lo mismo. Todos los veranos tú y tu mejor amigo(a) iban al mismo campamento con tu familia. ¿Qué hacían allí?

MODELO   **Mis abuelos exploraban las cuevas.**

papá	descansar al sol
Julita y Víctor	nadar en el lago
yo	sacar fotos
abuelos	preparar la cena
mamá	pasear en lancha
tú	caminar por el bosque
el perro	explorar las cuevas
todos nosotros	divertirse mucho

1. _____

_____

2. _____

_____

3. _____

_____

4. _____

_____

5. _____

_____

6. _____

_____

7. _____

_____

Nombre _____

Fecha _____

¡DIME!
DOS

UNIDAD **8**
LECCIÓN **3**

¡A ESCRIBIR!

CH **Preguntas.** Tu amigo Julio quiere ir con ustedes al mismo campamento. Ahora él quiere saber más detalles sobre lo que ustedes hacían. Contesta las preguntas que él hace.

MODELO *¿Dónde acampaban?*
Acampábamos en la Sierra Nevada.

1. ¿Con quién salías a caminar tú?

_____

_____

2. ¿Cuándo nadabas en el lago?

_____

_____

3. ¿Adónde caminaban?

_____

_____

4. ¿Qué exploraban?

_____

_____

5. ¿Paseaban todos en lancha?

_____

_____

6. ¿De qué sacaban fotos?

_____

_____

7. ¿Qué tiempo hacía?

_____

_____

8. ¿Con qué frecuencia iban?

_____

Reina y Capitán. Escribe un cuento basado en los siguientes dibujos.

¡DIME!
DOS

¡A ESCRIBIR!

Quizás. ¿Qué piensan hacer tú, tus amigos y tu familia durante el mes de julio?

MODELO   **Tal vez tome un curso de verano.**

tomar un curso de verano   practicar karate
ir a México   nadar todos los días
jugar béisbol   salir todas las noches
trabajar en la gasolinera   ver la tele
visitar a amigos   leer muchas novelas

1. _____

_____

2. _____

_____

3. _____

_____

4. _____

_____

5. _____

_____

6. _____

_____

7. _____

_____

8. _____

_____

9. _____

_____

10. _____

_____

Nombre _____

Fecha _____

¡**DIME!**
DOS

UNIDAD 8
LECCIÓN 3

VOCABULARIO PERSONAL

In this lesson you practiced describing in the past, saying how you used to feel, and narrating and expressing doubt in the past. You have also learned the new vocabulary listed below as well as additional vocabulary. Write all the vocabulary you have already learned under each category and add any other vocabulary that you found particularly useful in this lesson.

Para describir en el pasado

_____   _____

_____   _____

_____   _____

_____   _____

_____   _____

_____   _____

Para hablar de cómo te sentías

_____   _____

_____   _____

_____   _____

_____   _____

_____   _____

Para narrar en el pasado

_____   _____

_____   _____

_____   _____

_____   _____

_____   _____

Para expresar dudas

_____   _____

_____   _____

_____   _____

_____   _____

_____   _____

Viaje

arepera _____   _____

catarata _____   _____

salto _____   _____

_____   _____

_____   _____

Descripción

escolástico(a) _____   sabroso(a) _____

indeciso(a) _____   plano(a) _____

lingüístico(a) _____   pintoresco(a) _____

programado(a) _____   _____

_____   _____

_____   _____

Palabras y expresiones

bandera _____   _____

especializar _____   _____

con mucho cariño _____   _____

_____   _____

_____   _____

Nombre _____

Fecha _____

¡DIME!
DOS

UNIDAD **8**
LECCIÓN **3**

CON LA PALABRA EN LA BOCA

ANTÓNIMOS

Escribe los antónimos de las siguientes palabras:

deshonesto _____

desorganizado _____

desembarcar _____

desarreglar _____

desaparecer _____

¿Qué regla puedes deducir de la relación entre las palabras en la segunda columna y sus antónimos?

_____

_____

_____

_____

Ahora escribe el antónimo de los siguientes sustantivos, verbos y adjetivos:

Sustantivos

ventaja _____

orden _____

centralización _____

integración _____

Verbos

empacar _____

arreglar _____

enchufar _____

hacer _____

© D.C. Heath and Company

Adjetivos:

conocido   _____

honesto   _____

afortunado   _____

agradable   _____

igual   _____

organizado   _____